DIE SÜNDIGEN PÄPSTE

ERIC LACANAU • PAOLO LUCA

DIE SÜNDIGEN PÄPSTE

IN MITTELALTER UND RENAISSANCE

tosa

Titel der Originalausgabe:
Die sündigen Päpste, Dolce Vita am Hof des Vatikans in Mittelalter und Renaissance

Lizenzausgabe mit Genehmigung der Verlagsgruppe Lübbe GmbH & Co. KG, Bergisch Gladbach, für Tosa Verlag, Wien

Covergestaltung: Joseph Koó

Druck: Ueberreuter Print

Besuchen Sie uns auf unserer Homepage unter
www.tosa-verlag.com

Inhalt

Anhang

I
Die Madonnen der Liebe
Huren, Zuhälter und Orgien im Vatikan

Antonia schloß für einen Augenblick wie geblendet die Augen. Aber die Helligkeit, die selbst durch ihre geschlossenen Lider drang, war nicht der Glanz der Sonne. Das Leuchten kam von einem gewaltigen Rundbau mit zwei viereckigen Aufsätzen, der mit seinen Türmen, Mauern und Zinnen in der Luft zu schweben schien.

»Sieh nur«, rief Antonias Mutter, »die Engelsburg!«

Antonia konnte es kaum glauben, daß sie ihr Ziel erreicht hatten. Aber es war keine Sinnestäuschung. Tausende von Pilgern drängten über die Via Recta an ihnen vorbei zum Vatikan.

Ihre Augen begannen zu glänzen, als sie ihren Blick über den päpstlichen Palast gleiten ließ. Ihre Mutter, eine Hure und Kupplerin, hatte ihr erzählt, daß er in Wirklichkeit ein Babylon der Liebe war. Ein Freudentempel von gewaltigen Ausmaßen mit Lustgärten und prunkvollen Gemächern, in denen der Heilige Vater und die höchsten kirchlichen Würdenträger geheime Liebeszirkel abhielten.

»Dieser Ort ist eine Goldgrube für junge, in der Kunst der Liebe begabte Frauen«, hatte ihre Mutter erklärt. Ein Mädchen, das sich auf dieses sinnliche Handwerk verstehe, könne schnell aus dem Stand der gemeinen Dirne in den Rang einer päpstlichen Madonna der Liebe aufsteigen und dann in einer Aura von Glanz und Reichtum wie eine Prinzessin leben.

Davon träumte Antonia, denn sie wurde nicht als Prinzessin geboren. Sie erblickte in einem kleinen Dorf in der Toscana die Welt. Ein Ort, der nur aus Armut bestand.

Als Antonia heranreifte, erkannte ihre Mutter, daß aus der Armut des schmutzigen Dorfes eine Prinzessin hervorgegangen war. Antonia hatte unglaublich feine Gesichtszüge, seidiges, blondes Haar und eine zarte, honigfarbene Haut.

Sie war ein Wunder von auserlesener Schönheit. Und das Wunder wuchs und gedieh weiter. Mit siebzehn war sie zu einer äußerst attraktiven Frau herangereift. Sie hatte üppige,

feste junge Brüste, eine schmale Taille und lange, gutgeformte Beine. Eine schwelende Sinnlichkeit umgab sie.
Der Zauber dieser Sinnlichkeit bestand hauptsächlich darin, daß unter dieser lustvollen Ausstrahlung eine Insel der Unschuld zu liegen schien. Und Antonias Mutter erkannte, daß ihre Tochter durch diese Kombination nicht nur unwiderstehlich war, sondern auch ein außergewöhnliches Betriebskapital besaß. Ein Kapital, das sich versilbern ließ.
Sie sah es jeden Tag an den Blicken der Männer. Antonia konnte nicht über die Straße gehen, ohne eindeutige Angebote zu bekommen. Alle Männer sahen etwas Besonderes in ihr. Jeder wollte sie besitzen und war bereit, dafür zu zahlen.
Ihr schlauer Bauernverstand sagte Antonias Mutter, wie sie diesen Glücksfall nutzen konnte, den ihr die Natur mit ihrer Tochter unerwartet in den Schoß gelegt hatte.
»Antonia, wir werden nach Rom gehen«, erklärte sie eines Tages. »Dort wird ein Prinz kommen und dich fortführen.«
Und so kam es, daß Mutter und Tochter im Herbst des Jahres 1501 in Rom eintrafen. Sie stiegen in einem Gasthaus bei der Torre di Nona ab, das direkt gegenüber der Engelsburg am Tiberufer lag.
Die jungen Männer des Viertels waren vom Charme und dem Reiz der blonden Schönheit vom Lande begeistert, und bald stolzierten auch die ersten Freier aus der römischen Schickeria in ihren vornehmen Wämsen aus Samt und Atlas vor dem Gasthaus auf und ab und machten Antonia den Hof.
Sie war beeindruckt von all den feinen Kavalieren. Aber ihre Mutter warnte sie: »Du darfst dich nicht an den Erstbesten verschenken. Du mußt deine Jungfernschaft so teuer und so oft wie möglich verkaufen.«
Antonia warf ihr einen erstaunten Blick zu.
»So oft wie möglich?«
Das derbe Gesicht ihrer Mutter verzog sich zu einem raffinierten Lachen, und sie deutete auf den Vatikan.

»Ich habe meine Jungfernschaft öfter verkauft, als jene Schelmenpfaffen ihre erste Messe.«
Sie senkte ihre Stimme zu einem Flüstern.
»Das ist ein in jedem Bordell bekannter Trick, der sich mit einem Absud aus Alaun und Terpentin leicht bewerkstelligen läßt.«
»Und die Männer fallen wirklich darauf herein?« kicherte Antonia.
Ihre Mutter nickte.
»Aber zunächst mußt du die wichtigste Regel aller Huren lernen.«
»Und die wäre?«
»Du mußt lernen, den Männern den Kopf zu verdrehen und wie man sie zum besten hält. Erst wenn du diese Kunst perfekt beherrschst, kannst du ihnen das Geld aus der Tasche locken.«
Antonia war eine gelehrige Schülerin. Sie lernte in wenigen Wochen alle Hurenkünste, und die Kunde von ihrem außergewöhnlichen Talent und ihrer Schönheit verbreitete sich über das Viertel hinaus in ganz Rom.
Täglich verbrachte sie Stunden auf ihrem Balkon, um ihr blondes Haar in der Sonne zu bleichen. Denn blondes Haar war die große Mode, und es gab unzählige Rezepte, um es zu verschönern. Sie verwendete dafür einen Apparat, ähnlich einem Hut ohne Krone, auf dem sie ihre Locken ausbreitete. So erhielten ihre Haare mit der Zeit den Glanz eines Kornfeldes im Sommer.
Am Spätnachmittag vor Allerheiligen saß Antonia wie üblich auf dem Balkon und genoß die letzten warmen Strahlen der Oktobersonne. Viele Pilger drängten sich am Tiberufer, und die Engelsburg leuchtete in dem strahlenden Herbstlicht wie ein prunkvoller Reliquienschrein.
Plötzlich tauchte ein berittener Freier vor ihrem Balkon auf. Im Abendlicht glänzte sein Gesicht wie eine Kupfermaske. In

den dunklen, tiefliegenden Augen funkelte ein zugleich anziehendes und unheimliches Feuer.
Antonia sah sofort, daß dieser Kavalier ein Edelmann sein mußte. Er ritt ein herrliches Pferd. Auf dem Haupt trug er ein schwarzes Federbarett. Sein Gewand war aus weißem Damast. Darüber fiel nach französischer Mode ein Mantel aus schwarzem Samt.
Der Freier warf ihr einen feurigen Blick zu, dann sprang er von seinem Pferd und betrat das Haus. Antonia verließ den Balkon und ging in den angrenzenden Raum, wo ihre Mutter an einem Tisch saß und Karten legte. Sie verstand sich nicht nur auf diese Kunst, sondern konnte auch Liebestränke und andere Zaubermittel brauen.
Sie schaute auf, als ihre Tochter eintrat.
»Was gibt es?«
»Gerade ist ein Freier angekommen.«
Ihre Mutter blickte sie forschend an.
»Hoffentlich nicht wieder einer von diesen jungen Männern, die keinen Dukaten in der Tasche haben.«
Antonia lächelte.
»Ich glaube, dieser ist was Besonderes.«
Ihre Mutter legte die Karten auf den Tisch.
»Dann laß mich die Verhandlungen führen.«
Sie stand auf und verließ den Raum.
Antonia blieb einen Augenblick unentschlossen stehen, dann ging sie zur Tür und legte ihr Ohr dagegen. Sie vernahm klirrende Stiefelschritte. Sie kamen die Treppe herauf, und dann konnte sie hören, wie ihre Mutter mit dem unbekannten Kavalier zu tuscheln begann. Verstehen konnte sie allerdings kein Wort.
Nach einer Weile entfernten sich die Stiefelschritte. Antonia trat zurück. Im gleichen Augenblick öffnete sich die Tür, und ihre Mutter trat herein. In ihren Augen war plötzlich ein Ausdruck, als habe sie in eine goldene Schatzkammer geblickt.

»Wer war der Edelmann?« fragte Antonia neugierig.
Ihre Mutter zwinkerte ihr mit den Augen zu.
»Ein Kavalier, der eine Goldgrube für uns werden kann.«
»Nun verrat mir schon seinen Namen«, sagte Antonia ungeduldig.
Ihre Mutter leckte sich über die Lippen.
»Es handelt sich um den Sohn des Heiligen Vaters.«
Antonia hatte schon viel von dem päpstlichen Legaten gehört. In Rom galt er als einer der mächtigsten und gefährlichsten Männer. Soldknechte und Condottiere umgaben ihn. In fast allen Burgen saßen seine Vögte. Er war bekannt für seine List und Grausamkeit, aber auch für seinen Hang zum Luxus und für seine unersättliche Begierde. Er liebte die Frauen und den Stierkampf. Es hieß, daß er mit einem einzigen Hieb einem mächtigen Stier den Kopf vom Rumpfe trennen konnte.
Sie sah ihre Mutter mit großen Augen an.
»Was wollte er?«
Die untersetzte Frau lächelte vergnügt.
»Heute abend findet in seinem Appartamento im Vatikan ein Fest mit vielen ehrbaren Dirnen und Kurtisanen statt. Der Heilige Vater wird auch daran teilnehmen. Und du, mein Goldschatz, bist ebenfalls eingeladen.«
»Was?«
Antonia war einen Augenblick verwirrt.
»Mama, soll das ein Scherz sein?«
»Nein, mein Goldkind. Du hast soeben das großartigste Angebot erhalten, das ein Mädchen in deinem Alter bekommen kann.«
Sie legte Antonia die Hand auf den Arm.
»Jetzt ist die Zeit gekommen, wo sich deine Schönheit auszahlt. Wenn du dich als Kurtisane im Vatikan etablieren kannst, haben wir für alle Zeiten ausgesorgt, und wir können ein geruhsames Leben führen.«

Antonia stand in ungläubiger Verblüffung da.
»Komm«, sagte ihre Mutter. »Du mußt dich jetzt für deinen wichtigsten Auftritt zurechtmachen. Du hast eine knappe Stunde Zeit. Dann wirst du abgeholt.«
Die Frauen begannen mit den Vorbereitungen.
Antonia zog ein tiefausgeschnittenes, ärmelloses Kleid aus dem Schrank und wollte es anziehen.
»Du kannst nicht in diesem Kleid vor den Heiligen Vater treten«, sagte ihre Mutter.
Antonia warf ihr einen erstaunten Blick zu.
»Darin kommen aber am besten meine Brüste und meine weiße Haut zur Geltung.«
Ehe sie sich versah, hatte ihre Mutter die Hand gehoben und ihr eine schallende Ohrfeige gegeben.
»Du dummes, kleines Luder, es wird Zeit, daß du anfängst, über deine Rolle nachzudenken.«
Antonia stand in ungläubiger Verblüffung da.
Ihre Mutter reichte ihr ein hochgeschlossenes schwarzes Gewand mit langen Ärmeln.
»Zieh das an!«
»Das Kleid gefällt mir aber nicht.«
Ihre Mutter gab ihr wieder eine Ohrfeige.
»Du mußt schamhaft wie eine Nonne vor den Heiligen Vater treten.«
Antonia starrte sie ungläubig an.
»Wie eine Nonne?«
»Ja, wie eine Nonne. Keine Schminke und kein Dekolleté. Du mußt dich von den anderen Huren im Vatikan unterscheiden. Das ist viel wirkungsvoller. Verstehst du jetzt?«
Antonia nickte und zog wortlos das Kleid an.
Als sie fertig war, betrachtete ihre Mutter sie eingehend. Die Masse von Antonias Haar fiel wie ein goldener Schleier auf den schwarzen Samt ihres Kleides.
Ihre Mutter schien zufrieden.

»Jetzt siehst du wie eine kultivierte Dame aus. Verhalte dich auch so, wenn du in den Vatikan kommst. Hüte dich vor allem, zuviel Wein zu trinken. Lächele keinen anderen Männern zu, sondern behalte solche Zärtlichkeiten dem Mann vor, der dich eingeladen hat. Und schenke auch dem Heiligen Vater freundliche Blicke, wenn du in seine Nähe kommst. Rede ihn mit Euer Gnaden an, aber rede nicht zuviel. Sei ihm eine gute Gesellschafterin und zeige ihm, daß du auch etwas für ihn übrig hast.«

Sie strich Antonia über das goldene Haar.

»Hast du mich verstanden?«

Antonia nickte.

Ihre Mutter lächelte zufrieden.

»Wenn du meine Ratschläge befolgst, wird dein Zauber auch den Heiligen Vater verführen, und dann bist du eine gemachte Frau.«

Kurze Zeit später wurde Antonia mit einer schwarzen Sänfte abgeholt. Es war eine helle Nacht. Nur wenige Wolken hingen am Himmel. Der Mond glänzte silbern über der Engelsburg, und das Leuchten versetzte Antonia in einen nie zuvor gekannten Zustand der Erregung.

Es war die Nacht zu Allerheiligen, und plötzlich mußte sie daran denken, daß diese Stunden nach altem Glauben für einen Hexensabatt am besten geeignet waren.

In diesem Moment fielen ihr all die schauerlichen Geschichten ein, die in Rom in jener Zeit kursierten. Der alte Papst, so wurde behauptet, sei ein Anhänger der Schwarzen Magie und verstehe sich auf geheimnisvolle Zauberriten.

Außerdem hieß es, werde er nicht müde, in seinem Tempel geheimnisvolle nächtliche Orgien mit Kurtisanen, Hengsten und Stuten abzuhalten. Und zwar nicht allein, sondern in Gesellschaft seiner Tochter und seines Sohnes, denen er keineswegs nur mit seiner geistlichen Würde hohnsprechender Vaterliebe zugetan sei. In diesen Skandalberichten war auch

von verbrecherischer Blutschande in der Papstfamilie die Rede, und es wurde behauptet, daß die Tochter sowohl mit dem Vater als auch mit dem Bruder inzestuöse Beziehungen unterhielt.
Antonia lief plötzlich ein Schauer über die Haut. Sie öffnete einen Spaltbreit die Vorhänge der Sänfte und sah, wie sie den Eingang zum Vatikan passierten. Jetzt gab es kein Zurück mehr.
Fackeln warfen flackernde, gelbe Schlangenmuster auf die hohen Palastmauern. Der Papst hatte seinen Amtssitz zu einer Festung ausbauen lassen und mit einem Geschütz bewehrt, das er aus dem Inventar eines Exkönigs für fünfzigtausend Dukaten gekauft hatte.
Antonia hatte auch gehört, daß sich im Inneren der Burg fünf unterirdische Gefängnisse befänden, in denen Hunderte von Gegnern des Papstes schmachteten.
Obwohl diese finstere Vorstellung ihr Angst einjagte, zwang sie ihre Gedanken in eine andere Richtung, und sie dachte an den Prunk und Reichtum, der im Vatikan herrschte und von dem sie profitieren wollte. Die päpstlichen Mätressen waren hochangesehen und lebten im Luxus. Antonia hatte gehört, daß einige von ihnen sogar heiliggesprochen worden seien.
Eine solche Kurtisane wollte sie auch werden. Sie wollte nicht länger arm und unbekannt sein.
In diesem Augenblick wurde die Sänfte vor dem Appartamento des Papstsohnes abgesetzt. Ein Diener mit einer Fakkel erschien und geleitete sie zu den Privatgemächern.
Schon von weitem konnte sie ausgelassene Stimmen und Musik hören. Das Bankett schien bereits in vollem Gange zu sein.
Als Antonia in den Festsaal geführt wurde, war sie einen Augenblick wie geblendet. Brennende Kandelaber warfen ein flackerndes, goldenes Licht auf die märchenhafte Szene.
Die prunkvolle Tafel bog sich unter Bergen erlesener Speisen

und Konfekte. Eine illustre Gesellschaft tat sich daran gütlich. Die zahlreichen versammelten Kurtisanen und ihre Kavaliere waren seltsam und üppig gekleidet. Sie tranken aus kleinen Bechern Wein und lachten ausgelassen, während ein Mezzano *auf der Laute ein Lied sang.*
Antonia war wie verzaubert. Zum erstenmal sah sie mit eigenen Augen, daß der Tempel des Papstes ein Freudenhaus war und von liebestollen Priestern und ihren Kurtisanen beherrscht wurde.
Dann fiel ihr Blick auf die Stirnseite der Tafel, und sie sah einen Mann mit einer schwarzen Maske vor dem Gesicht. Sie glänzte erschreckend im Schein der brennenden Kerzen.
Im ersten Augenblick vermeinte Antonia, Gott selbst zu sehen. Aber dann mußte sie an all die sonderbaren Geschichten denken, die sie über den Papst gehört hatte. Er war kein Gott, obwohl seine Macht und sein Reichtum unbeschreiblich groß waren. Er war auch nur ein Mensch, der sein von der Syphillis entstelltes Gesicht hinter einer Maske versteckte.
Plötzlich sah sie, daß er die Maske abnahm und sich seine Augen auf sie hefteten. Trotz seiner Narben war er ein schöner, sehr dunkler Mann. Als sich sein Mund zu einem geheimnisvollen Lächeln verzog, lächelte sie zurück…

*

Die Orgie der fünfzig Kurtisanen wird in verschiedenen Berichten aus jener Zeit bestätigt, und für die meisten Chronisten besteht kein Zweifel daran, daß sie sich tatsächlich abgespielt hat.
Prominentester Gast: Papst Alexander VI. (1492–1503). Johannes Burchard, der siebzehn Jahre zuvor Zeremonienmeister am päpstlichen Hof geworden war, hat das wilde Gelage für die Nachwelt festgehalten. In seiner Tagebucheintragung für Sonntag, den 31. Oktober 1501, heißt es:

> »Am Abend veranstaltete der Herzog Valentino (Cesare Borgia) in seinem Gemach im Vatikan ein Gelage mit fünfzig ehrbaren Dirnen, Kurtisanen genannt, die nach dem Mahl mit den Dienern und den anderen Anwesenden tanzten, zuerst in ihren Kleidern, dann nackt. Nach dem Mahl wurden die Tischleuchter mit den brennenden Kerzen auf den Boden gestellt und Kastanien ringsherum gestreut, die die nackten Dirnen auf Händen und Füßen zwischen den Leuchtern durchkriechend aufsammelten, wobei der Papst, Cesare und seine Gäste seidene Unterröcke, Schuhe und Barette für diejenigen aussetzten, welche mit den Dirnen am öftesten den Akt vollziehen konnten. Das Schauspiel fand hier im Saal öffentlich statt, und nach dem Urteil der Anwesenden wurden an die Sieger die Preise verteilt.«

Soweit die Tagebucheintragung des päpstlichen Zeremonienmeisters. Sie wird von dem Florentiner Gesandten Francesco Pepi in Rom untermauert.
In einer Note vom 4. November berichtet er:

> »An den Tagen Allerheiligen und Allerseelen erschien der Papst wegen seines Abzesses nicht im Petersdom oder in seiner Privatkapelle. Obwohl ihn die Krankheit daran hinderte, hinderte sie ihn nicht, am Sonntag mit dem Herzog, der früh am Abend fünfzig Kurtisanen in den Palast gebracht hatte, bis in die zwölfte Nachtstunde aufzubleiben. Und lachend und tanzend blieben sie die ganze Nacht auf.«

Wer waren die anderen Kurtisanen, die den Päpsten bei ihren ausgelassenen Festen zur Verfügung standen? Wer waren die schönen Frauen, die mit den Kardinälen die Lotterbetten teilten und im Angesicht des Kreuzes zu absoluter Verschwiegenheit verpflichtet wurden?

Wie lebten die Kurtisanen im sündigen Rom, wie waren ihre Lebensumstände, wie stiegen sie in die höchsten kirchlichen Kreise auf? Und wer waren die Männer und Zuhälter, die die Mädchen beherrschten, die Kupplerinnen, die für sie geschickt und mit List die einträglichen Amouren mit der römischen Kurie einleiteten?
Natürlich schweigen hier die geheimen Archive des Vatikans. Die Quellen und Urkunden der *Registri* scheinen vom Dolce vita der Kirchendiener gesäubert. Die Cassa-Bücher der päpstlichen Ausgaben haben keine Rubrik für die Liebeshonorare der Freudenmädchen.
Dennoch haben wir vom Gewerbe der Kurtisanen ein sehr genaues Bild, denn neben den Schilderungen, wie dem Protokoll des päpstlichen Zeremonienmeisters, stehen eine Fülle zeitgenössischer Quellen zur Verfügung.
Berichterstatter verschiedener Fürstenhäuser unterrichteten ihre Herren über die geheimen Amouren im Vatikan. Zuhälter machten Aufzeichnungen, und Kurtisanen, oft gebildet, protokollierten ihre Erlebnisse. Sie schrieben Briefe, machten ihre Testamente und verteilten den Gewinn an ihre Kinder.
Darüber hinaus entwickelte die italienische Literatur der Zeit ein farbenprächtiges Bild der Renaissance-Kurtisanen, und ihre Autoren sind wichtige Zeitzeugen des süßen Lebens im Rom des 16. Jahrhunderts.
So beschreibt Aretino beispielsweise das Milieu der römischen Edelnutten in seinen »Ragionamenti«, den berühmten Kurtisanengesprächen. Darin berichtet der Zuhälter Zoppino im »Dialogo di Zoppino fatto frate e Ludovico puttaniere« (Gespräch zwischen Zoppino, dem späteren Mönch, und dem Zuhälter Ludovico) über die Karrieren der Huren.
Die Blütezeit der römischen Kurtisanen begann in der Mitte des 15. Jahrhunderts. Angezogen vom Reichtum und dem Glanz der Stadt und des Vatikans strömten Frauen aus

allen Regionen und aus aller Herren Länder nach Rom. Die Namen der Kurtisanen verwiesen oft auf deren Herkunft: Eine Spanierin nannte sich Beatrice Spagnola, und auch La Grechetta, die kleine Griechin, verwies in ihrem Namen schon auf den Reiz ihrer griechischen Exotik.

Andere wählten Künstlernamen nach antikem Vorbild, wie die berühmte Imperia oder die Kurtisane Hortensia. Denn die Renaissance hatte das alte Griechenland wiederentdeckt und schätzengelernt. Und ähnlich wie in der Antike, wo die Hetären hochgeachtete und gebildete Liebesamazonen waren, wollten sich die Kurtisanen keinesfalls mit den gewöhnlichen Straßendirnen vergleichen.

Schon das Wort »Kurtisane« verweist auf diesen Anspruch: Gefährtin der Höflinge – *cortigiane*. Daher stammt auch das italienische Wort für Kurtisanen. Selbst im Kirchenlatein der zeitgenössischen Dokumente werden diese Frauen immerhin »meretrix honesta« genannt, also als »angesehene und ehrenwerte Buhlerinnen« bezeichnet.

Der Weg zur erfolgreichen und von der Gesellschaft geachteten Edelhure war allerdings schwierig und begann zumeist in einfachen Verhältnissen, wie im Gasthaus an der Torre di Nona, direkt auf dem der Engelsburg gegenüberliegenden Ufer des Tiber.

Hier wurden die ersten Kontakte zu möglichen Freiern geschlossen. Oft zeigten sich die Mädchen am Fenster. Meist den Arm auf ein kleines, rotes Kissen gestützt, um die vorbeireitenden Kavaliere in Augenschein zu nehmen.

An der Torre di Nona träumten sie davon, einmal dem richtigen Mann aufzufallen. Hier hofften Mütter, die ihre eigenen Töchter im horizontalen Gewerbe unterwiesen, ihr Kind möge einmal so erfolgreich werden wie das größte Vorbild der Renaissance-Kurtisanen: Lucrezia, die Geliebte des Papstes Julius II. (1505–1513).

Dieser Papst ist als der »eiserne Pontifex« in die Geschichte

eingegangen, denn er verstand vom Kriegshandwerk ebensoviel wie vom Glauben.
Anders als sein Vorgänger, Alexander VI., der den Vatikan zum Schauplatz von Orgien machte, kämpfte Julius für die Stärkung des Kirchenstaates.
Zwei Dinge hatte er jedoch mit seinem Vorgänger gemein: Die Liebe zur Kunst – immerhin brachte er an St. Peter die Genies Bramante, Raffael und Michelangelo zusammen – und die Liebe zu den Frauen.
Julius II. hatte, ehe er Papst wurde, bereits drei Töchter, von denen eine besonders schön und reizvoll gewesen sein soll. Felice, die Tochter seiner Mätresse Lucrezia. Schon bald nach Felices Geburt heiratete Lucrezia in die bekannte umbrische Familie de Cuppis ein und war somit materiell und standesgemäß gesichert.
Interessanterweise war ein Familienmitglied der de Cuppis bereits Kardinal, bevor Giuliano della Rovere im Jahr 1503 als Julius II. den Stuhl Petri bestieg. Zwischen der umbrischen Familie und dem Papst bestanden also enge Bande, und es scheint nicht ausgeschlossen, daß die Ehe der Lucrezia ein päpstliches »Abschiedsgeschenk« an seine Mätresse war.
Denn die Heirat in eine angesehene Familie war für viele Kurtisanen ein erstrebenswertes Ziel, das nur noch übertroffen werden konnte, wenn es der Mätresse selbst gelang, reich und unabhängig zu werden.
Eine der wenigen Frauen Roms, die das erreichten, ist die berühmte Fiametta. Sie wird in den Dokumenten einer päpstlichen Kommission erwähnt, und sie hatte ab 1493 ein Verhältnis mit dem damals achtzehnjährigen Cesare Borgia.
Ins Licht der Öffentlichkeit trat sie bereits wesentlich früher. Die ersten Quellen gehen in das Jahr 1479 zurück. In diesem Jahr starb Kardinal Ammannati, der selbst aus einer

einfachen Familie stammte und in Rom zu hohem Ansehen gelangt war.

In seinem Testament soll der Kardinal gebeten haben, man möge ihn in aller Bescheidenheit mit einem schlichten Grabstein in St. Peter beisetzen. Dazu ist es aber später nicht gekommen. Vielmehr ließ Papst Sixtus IV. (1471–1484) dem Kardinal ein prachtvolles Grabmahl in S. Agostino errichten.

Diese Kirche hatte einen besonderen Ruf. Sie galt als Kurtisanen-Treffpunkt. Hier saßen die Liebesdamen zwischen dem Altar und den Kardinälen, berichtete Aretino.

Doch S. Agostino war nicht die einzige »Kurtisanen-Kirche«. Neben der Piazza Navona traf man sich in S. Maria della Pace, einer herrlichen Kirche, an der Bramante einen wunderschönen Kreuzgang geschaffen hat.

Dieser schattige Platz war besonders beliebt bei den Damen des leichten Gewerbes. Hier zeigten sie sich stolz mit ihrem Hofstaat und hielten Ausschau nach neuen Kunden.

So wird von Kurtisanen berichtet, die in Samt und Seide in Begleitung mehrerer Diener von eleganten Kavalieren zur Messe begleitet wurden.

Vor diesem Hintergrund scheint die Idee des Papstes fast kurios, das Grabmahl des Kardinals Ammannati ausgerechnet in der »Hurenkirche« S. Agostino errichten zu lassen.

Und noch eine Tatsache im Verhältnis von Kardinal und Heiligem Vater ist bemerkenswert: Das Testament Ammannatis wurde unterschlagen, sein Vermögen ging an den Papst.

Sixtus IV. setzte eine vierköpfige Kommission ein, die damit beauftragt wurde, aus dem Vermögen des Kardinals Schenkungen zu vermachen. Die gleiche Kommission bedachte auch die schöne Fiametta, »Tochter des verstorbenen Bartolomeo von Florenz«, mit einem Haus und einer Vigna.

Eine Vigna war ein Garten, meist mit einer Quelle und einer kleinen Gartenlaube nebst Pergola mit Weinreben. Diese Gärten wurden im 16. Jahrhundert zu wahren Lusttempeln ausgebaut.
Ammannati hatte im gleichen Stadtviertel ein Haus und eine Vigna. Auch wenn nicht bewiesen ist, daß es sich um dasselbe Anwesen handelte, das die Kommission Fiametta vermachte, so ist der Wortlaut der Schenkungsurkunde doch recht eindeutig: Die Kurtisane erhielt die Schenkung »um der Liebe Gottes willen und um ihr eine Mitgift zu verschaffen«. Und was die Qualitäten der Fiametta anbelangt, ist das päpstliche Dokument auch recht eindeutig: Die Kommissare schildern Fiametta – für einen solchen Vertrag recht ungewöhnlich – als »Fräulein von einzigartiger Schönheit«.
Diese »Mitgift« sorgte im damaligen Rom für erhebliches Aufsehen. Es ist durchaus denkbar, daß damit nicht nur Fiamettas Anspruch gegenüber ihrem Liebhaber Kardinal Ammannati befriedigt wurde, sondern auch einer der jungen Nepoten von Papst Sixtus IV. die Möglichkeit sah, etwas für das Wohlergehen der Mätresse zu tun.
Auf jeden Fall war die »mildtätige Gabe« der Grundstock für den weiteren Reichtum der Fiametta. Denn aus ihrem Testament ist zu entnehmen, daß sie zwei weitere Häuser besessen hat und eine Kapelle stiftete – übrigens in der gleichen Kirche, in der sich das Grabmahl Ammannatis befand. Neben Reichtum und Erfolg bescheinigt das römische Stadtarchiv der Kurtisane noch eine weitere Qualität: Listigkeit. Denn aufgrund des komplizierten Erbrechtes und eines Musterprozesses, bei dem es um einen unehelichen Erben ging, erklärte sie in ihrem Testament vermutlich ihren eigenen Sohn kurzerhand zum Bruder. Sie ging damit auch noch jedem Ärger nach ihrem Tod geschickt aus dem Weg.

Natürlich waren nicht alle Kurtisanen so erfolgreich wie Fiametta, und das Leben der Mätressen war vielfach schwierig und gefährlich. Nebenbuhler konnten die schönen Frauen in prekäre Situationen bringen.

Besonders unangenehme Folgen konnte das sogenannte *arlasse,* das Versetzen eines Liebhabers, haben. Einen solchen Fall schildert der Tagebuchschreiber Stefano Infessura. Ort der Handlung: das Haus der kleinen Griechin (La Grechetta) im Jahre 1486.

Die hübsche Kurtisane war mit einem französischen Edelmann verabredet. Doch vor dessen Eintreffen erschien unangemeldet Bernardo de Sanguini, Sohn einer mächtigen römischen Familie. Der junge Galan bestand darauf, zu bleiben. Die Kurtisane willigte notgedrungen ein und ließ das Haus verriegeln.

Wenig später tauchte der französische Liebhaber auf. Als er nicht eingelassen wurde, sah er rot. Mit seinen Bediensteten wollte er das Haus stürmen und die Kurtisane entführen. Daraufhin kam es zu einem Handgemenge, bei dem Bernardo durch einen Dolchstoß tödlich verwundet wurde.

Die Nachricht verbreitete sich schnell, und ein Freund des Bernardo, Stefano de Crescenzi, rückte sofort mit vierzig Bewaffneten an, um Rache zu nehmen. Bei dem Gemetzel wurden vier Personen getötet, vierzig verletzt. Das Haus brannte völlig ab, und La Grechetta wurde den Behörden übergeben.

Die Kurtisane kam jedoch glimpflich davon, denn sie wurde – vermutlich aufgrund ihrer guten Beziehungen zu den römischen Behörden und zum Vatikan – bald wieder auf freien Fuß gesetzt.

Nicht immer gingen Affären dieser Art so harmlos aus. Manchmal vergaßen die gehörnten Freier ihre Kavaliersmanieren. *Sfregia,* so hieß eine der brutalen Strafen, mit der sie sich revanchierten. Dabei wurde dem Mädchen das Gesicht

aufgeschlitzt, so daß es fortan seinen Geschäften nicht mehr nachgehen konnte.
Die *Puttaniere*, die Zuhälter, hatten ebenfalls eigene Gesetze: Das sogenannte *trentuno* (italienisch für 31). Bei diesem Strafritual wurde die Kurtisane von einunddreißig Männern vergewaltigt, beim *trentuno reale* sogar von neunundsiebzig.
Auch der Vatikan ließ den Liebesdamen nicht alles durchgehen. So schildert Buchard, der Zeremonienmeister Alexanders VI., den tragischen Fall der Barbara von Spanien, einer Bediensteten der Kurtisane Cordetta.
»Barbara« war in Wirklichkeit ein männlicher maurischer Diener der Cordetta. Er begleitete seine Herrin in aller Öffentlichkeit in Frauenkleidern. Extravagante und verrückte Accessoires waren in Mode. Exotische Menschen wie Mohren, aber auch Zwerge gehörten dazu, ebenso Papageien, Hunde oder Pfauen.
Aber den Behörden ging die Schau zu weit. Sie warfen die Kurtisane am 2. April 1498 ins Gefängnis, um sie anschließend zusammen mit ihrem Diener an den Pranger zu stellen. Dabei mußte »Barbara« ein schwarzes Samtkleid tragen, das man vorne aufgeschlitzt hatte, um ihr wahres Geschlecht zu zeigen.
Anschließend erdrosselte man den Mohren mit der Garrotte und verbrannte seine Leiche auf dem Campo de' Fiori. Cordetta kam mit dem Leben davon.
Genauso wichtig wie das reizvolle Ambiente der Kurtisanen – immer an der Grenze des gerade noch Schicklichen – war deren richtige Beratung, die Einführung in die feine Gesellschaft der Fürsten, Päpste und Kardinäle, Humanisten und Künstler, das Arrangieren der Liebesabenteuer. Eine bedeutende Rolle spielten dabei der *Mezzano* und die *Ruffiana*. Ohne sie kam kaum eine der schönen Frauen aus.
Die *Mezzani*, die Vermittler, waren die Leute für die delika-

ten Aufgaben. Männer mit weltmännischen Manieren. Charmeure, die sich auf dem Parkett der großen Gesellschaften zu bewegen wußten.
Sie bahnten geschickt den Kontakt zwischen den Kurtisanen und ihren Kunden an. Sie warben nicht nur für die Mätressen bei den feinen Herren, sondern vertraten auch die finanziellen Interessen der Huren.
In der Gesellschaft von Edelleuten, Kardinälen, aber auch Päpsten waren die *Mezzani* allgemein akzeptiert. Außerdem waren sie oft hervorragende Lauten- oder Violinenspieler. Eine Art der Musik, die der damaligen Gesellschaft mindestens so viel bedeutete wie dem Bürgertum des 19. Jahrhunderts das Pianospiel.
Aber nicht nur durch ihr musikalisches Talent zeichneten sich die *Mezzani* aus, sondern auch durch ihre humanistische Bildung. Die Werke des Renaissance-Dichters Petrarca gehörten ebenso zu ihrem Repertoire, wie die Kunst, glühende Liebesbriefe zu verfassen. Diese Begabung machten sich viele Kurtisanen zunutze, um sich auch mit Worten bei ihren Kavalieren einzuschmeicheln.
Anders die *Ruffiana.* Die Kupplerin hatte weit weniger gesellschaftliche Aufgaben. Sie war vielmehr für die alltäglichen Probleme zuständig: Ihre Pflichten reichten von der Zubereitung der geeigneten Zaubermittel bis hin zum richtigen Make-up und der passenden Prachtfrisur für jede Gelegenheit.
Noch ganz der mittelalterlichen Zauberei und Hexenkunst verbunden, kannten sie die abenteuerlichsten Mixturen: Da wurden Zähne und Augen von Toten besorgt und mit Jungfernhäutchen oder der Nabelschnur kleiner Kinder zu Zaubertränken gemixt, um böse Freier zu verhexen. Oder es wurden Liebestränke aus Hirschhorn und Rhinozerosbein gebraut, um die Potenz der Kavaliere zu stimulieren.
Außerdem waren sie in Modefragen bewandert. Eine gute

Ruffiana kannte die neuesten Kreationen aus Florenz und Venedig, wußte genau, welches Kleid Beatrice d'Este bei ihrer Prunkhochzeit mit Ludovico Sforza, genannt Ludovico il Moro, dem Fürsten von Mailand, getragen hatte.
Auch kosmetische Kunstgriffe beherrschte die Kupplerin aus dem Effeff: Sie konnten Geschlechtskrankheiten kaschieren, die das Ende für jede Mätresse bedeuteten.
Schließlich kümmerten sie sich auch um den Nachwuchs. Mit geschultem Auge hielten sie nach jungen Talenten Ausschau. Nicht selten begannen viele Mädchen schon mit vierzehn Jahren ihre Kurtisanenkarriere, und oft wurden sie später selbst zur erfolgreichen *Ruffiana*.
Der Florentiner Niccolo Martelli beschrieb die käuflichen Frauen in einem Brief an einen Freund in seiner Heimat:

> »Und die königliche Art, wie sie (die Kurtisanen) einen behandeln, ihre anmutigen Manieren, ihre Höflichkeit und der Luxus, mit dem sie einen umgeben – in Karmesin und Gold gekleidet, parfümiert und mit erlesenen Schuhen –, und bei den Komplimenten, die sie einem machen, kommt man sich wie ein großer Herr vor, und wenn man bei ihnen ist, beneidet man nicht einmal die Bewohner des Paradies.«

Natürlich verschlang dieses aufwendige Leben irrsinnige Summen an Geld. So wird von vielen Kurtisanen berichtet, daß ihre Schulden weit größer waren als ihre nicht geringen Einnahmen.
Häufig wurde ihnen der Liebeslohn in Schmuck und anderen Kunstgegenständen ausgezahlt. Papst Johannes XII. (955–964) soll seinen Huren für ihre Dienste sogar heilige Gegenstände zum Geschenk gemacht haben.
Auch zur Zeit der Renaissance war diese Tradition im leichten Gewerbe weitverbreitet. Die käuflichen Damen kassier-

ten wertvolle Gaben, wie Statuen, Bronzen, Elfenbeinarbeiten und Silber, aber auch Kulinarisches wurde als Liebeshonorar akzeptiert – Schinken aus der Campagna, Austern und Wein.
Der Luxus war für die Kurtisanen zwar Grundvoraussetzung für den Erfolg in der Gesellschaft. Dieser allein machte viele jedoch nicht glücklich, selbst wenn sie materiell abgesichert waren, wie das Beispiel der Imperia zeigt, deren Mutter Diana bereits dem Gewerbe nachging.
Dianas Karriere als Kurtisane war von Anfang an sehr erfolgreich und eng mit dem Vatikan verbunden: Sie heiratete den um vieles älteren Paulo Trotti, ein Mitglied des sixtinischen Chores mit guten Beziehungen in der Kirchenhierarchie.
Später verdiente Tochter Imperia das Geld, mit dem Vater und Mutter zwei Häuser an einer profitablen Straße errichteten, die Alexander VI. extra für das Jubeljahr 1500 hatte bauen lassen.
Die Geschäfte der Imperia, die zunächst von den Eltern abgewickelt wurden, florierten hervorragend. Ihre Schönheit wurde von Dichtern in Epigrammen gepriesen, ihr schlanker Hals und ihre Brüste wurden gerühmt. Es wird berichtet, daß »ihre breite weiße Stirn von goldenem Haar gekrönt« gewesen sei.
Ihr Ruhm und die Tatsache, daß der Maler Raffaello Santi wie Imperia 1508 an der Piazza Scossacavalli wohnte, haben die Kunstgeschichtler immer wieder vermuten lassen, Imperia sei als eine der schönen Frauen auf Raffaels Gemälden verewigt.
So soll sie als Modell für Sappho und Kalliope in Raffaels »Parnass« in den Stanzen im Vatikan gedient haben. Das würde bedeuten, daß selbst der heutige Papst beim täglichen Gang durch den Vatikan auf eine der berühmtesten Kurtisanen der Renaissance trifft.
Wahrscheinlicher ist jedoch, daß Imperia als Vorlage für

Raffaels »Psyche und Galatea« in Agostino Chigis Villa Farnesina in Trastevere gedient hat.
Zu Agostino hatte sie ein besonders enges Verhältnis. Chigi teilte mit ihr über lange Zeit in seinem Palast sein Bett aus Gold und Elfenbein.
Er hatte eine Tochter mit ihr, Margherita. Papst Leo X. (1513–1521) erklärte diese Tochter sogar für ehelich, eine ungewöhnliche Wertschätzung der Kurtisane, denn sie war mit Chigi nicht verheiratet.
Imperia gilt als eine der berühmtesten Kurtisanen der Renaissance. Sie lebte wie eine Prinzessin. Ihr Schlafgemach, aber auch der Salon waren mit reinem Samt ausgeschlagen und die Böden mit Teppichen belegt, was ein seltener Luxus in dieser Zeit war.
Für die hochgestellten Gäste gab es ein Boudoir, ein Raum, der mit Goldstoffen ausstaffiert war. Julius II. soll erbost über Michelangelo gewesen sein, als er später die Sixtinische Kapelle ausmalte und auf derartige Luxuseffekte verzichtete.
Imperia war eine sehr kultivierte Kurtisane: Sie verfügte über die besten Tischmanieren und konnte wie keine zweite mit den Fingerspitzen essen. In Literatur und Musik war sie hochgebildet, in ihrer Glanzzeit unangreifbar. Ihre Beziehungen reichten bis in die Spitzen von Stadt und Kirche.
Ein Gesandter aus Mantua berichtete, ein Sekretär der vatikanischen Kanzlei habe wegen Imperia sogar einen Mord an einem Nebenbuhler verüben lassen. Das Motiv: Eifersucht.
Und weiter protokolliert er:

> »Ich glaube nicht, daß unser Herr (der Papst) allzu aufgebracht darüber sein wird, und wahrscheinlich wird die Kurtisane glimpflich davonkommen, hauptsächlich weil sie sehr bekannt ist, dank der Gunst, deren sie sich bei

gewissen Kardinälen erfreut, die nicht erwähnt werden können.«

Doch trotz dieser hohen Protektion, trotz ihres Reichtums, trotz ihrer langjährigen Beziehung zu Agostino Chigi wurde Imperia nicht glücklich. Sie nahm Gift. Vermutlich aus Liebeskummer.
Ihr Herz gehörte einem anderen Mann, über dessen Identität allerdings nur Spekulationen existieren. Noch auf dem Sterbebett erhielt sie von Julius II. die Benifikation.
Ihr Ruhm wurde später in einem Epitaph festgehalten, den vermutlich ihr langjähriger Freund Biagio Pallia schrieb:

Der Stadt machten die Götter zwei große Geschenke:
Mars gab ihr das Imperium und Venus Imperia.
Das Schicksal raubte ihr das Imperium und der Tod Imperia.
Das Imperium ist das Herzstück unserer Väter,
Doch an Imperia verloren wir unser Herz.

Ähnlich wie Imperia startete auch Beatrice de Ferrara eine steile Karriere. Eigentlich hieß sie mit Familiennamen de Bonis, aber es war wohl ihre Herkunft, die Stadt Ferrara, die ihren Kurtisanennamen bestimmte.
Auch sie dürfte zunächst im Borgo Leonino auf den Strich gegangen sein, einem Viertel Roms, in dem nach dem Ergebnis einer Volkszählung zehn Prozent der Bevölkerung von der käuflichen Liebe lebten.
Anders als Imperia scheint Beatrice weniger den kultivierten Charme einer Mätresse inmitten der Dichter, Künstler und Edelleute der Renaissance besessen zu haben. Sie war für ihren direkten Sex bekannt.
Einer ihrer Liebhaber war der Medici-Fürst Lorenzo aus Florenz. Ihm schrieb Beatrice einen intimen Brief, während er fern von ihr eine Verletzung auskurierte.

Dieses Dokument vom 23. April 1517 ist eine seltsame Mischung aus sexuellem Verlangen und tiefem christlichem Glauben. Aber gerade an diesem Beispiel wird klar, wie zwiespältig für die Kurtisanen auf der einen Seite ihr sinnliches Gewerbe, auf der anderen Seite ihr enges Verhältnis zur Kirche war.
Beatrice redet darin ganz offen mit ihrem Geliebten:

»Nachdem ich einige Tage keusch gelebt hatte, holte ich dann mit meinem Liebsten alles Versäumte nach. Und so, halb reuig, beichtete ich bei unserem Priester in S. Agostino. Ich sage ›Unserem‹, weil alle Huren in Rom kamen, um ihn predigen zu hören. Und er, als er eine so bemerkenswerte Gemeinde sah, hoffte zumindest, uns alle zu bekehren. Oh, oh, oh, ein schwieriges Unterfangen! Um mich zu bekehren, hätte er hundert Jahre predigen müssen! Aber einen Erfolg hatte er, Gambiera ist Nonne geworden und wird sich Schwester Sophia nennen… Und Taddea hat dasselbe vor, und ich selbst hätte es vielleicht auch getan, aber jedesmal, wenn ich daran dachte, daß ich, wenn ich es tät, der Liebe entsagen müßte, kam es nicht in Frage. Dennoch habe ich, wie ich Euch sagte, bei dem Priester gebeichtet und ihm zwei Golddukaten gegeben. Gold sage ich, und jetzt bedauere ich es von ganzem Herzen. Gambiera und Taddea beichteten am selben Tage wie ich, wir alle eine nach der anderen. Denkt nur, Euer Exzellenz, was für eine Menge schöner Dinge er da auf einen Schlag gehört haben muß! Nachdem ich gebeichtet hatte, habe ich mich sofort geistigen Dingen hingegeben und für Euer Exzellenz zu Gott gebetet. Denn wenn ich auch eine Sünderin und Hure bin, wollte ich mehr als jeder anderen Gnade würdig sein, daß ….wenn ich Euer Exzellenz in wieder hergestellter Gesundheit wiedersehe. Und ich lege ein Gelübde ab, wenn mir das gewährt würde, daß ich eine Wallfahrt nach Loreto machen würde. Und nachdem ich mein Gelübde erfüllt habe, dachte ich, wenn es Euch nicht stört, daß ich bis nach Ancara kommen würde, um Euer Exzellenz Füße zu küssen. Acht Tage lang, erlauchtester Herr, bin ich im Stand der Heiligkeit ohne Sünde gewesen, und nie habe ich eine solche Qual erlebt! Ach! Acht Tage ohne Liebe kamen mir vor wie acht Jahre, und ich begann mich zu fragen, ob ich es überhaupt noch könnte, obwohl ich noch nie Zibet oder Aphrodisiaka gebraucht habe. Aber wenn ich acht Tage lang gefastet habe, dann habe ich es inzwischen nachgeholt.«

Der Maler Raffaello Santi war von dieser Frau so fasziniert, daß er ihr vermutlich im »Bildnis einer Kurtisane« im Palazzo Barbarini ein Denkmal setzte. Jedenfalls paßt eine zeitgenössische Beschreibung Beatrices exakt zu jenem Porträt. Demnach hat sie weniger dem Zeitgeschmack entsprochen. Sie war nicht die übliche, blondgefärbte Schönheit, sondern fiel durch ihre schwarzen Locken aus dem Rahmen. Sosehr sie sich äußerlich von den anderen Kurtisanen unterschied, so ähnlich war ihr Schicksal doch mit dem Großteil ihrer Zunft. Wenige hatten wirklich Erfolg, und spätestens mit dem Alter kam ein jähes Ende der Jahre im Luxus. Vermutlich in der Zeit des Sacco di Roma, der Plünderung der Stadt Rom durch die deutschen und spanischen Söldner Kaiser Karls V. im Jahre 1527, steckte Beatrice sich mit Syphilis an.
Endstation einer Kurtisanenkarriere.
Während ein Papst wie Alexander VI. die Krankheit einem Ehrenzeichen gleich trug, bedeutete sie für Beatrice den Beginn eines unaufhaltsamen Abstiegs. Mit verschiedenen Diensten versuchte sie sich über Wasser zu halten. Zuletzt war sie Wäscherin, dann Kerzenverkäuferin vor der Kirche.

Die Frau, deren Lebensweg von der umschwärmten Liebesdienerin zur Bettlerin führte, endete in einem Spital für Geschlechtskranke. Hier starb sie wie viele unbekannte »Madonnen der Liebe«. Vergessen von ihren Freunden.
Mit dem Sacco di Roma wurde in Rom eine neue Epoche der Geschichte des Vatikans eingeläutet. Das goldene Zeitalter der Kurtisanen neigte sich dem Ende.
Die Bezeichnung Kurtisane stand nicht länger im strahlenden Glanz von Pracht und Bildung der Renaissance. Wie einst die Hetären Griechenlands wurde die Kurtisane der Renaissance wieder zur einfachen Dirne, ›cortigiane‹ zum ordinären Schimpfwort.

II

Die Playboys von der Engelsburg

Das wilde Leben der Kardinäle

Als der Kardinal die kleine Anhöhe erreichte, erblickte er das palastartige Haus. Er zügelte sein Pferd und verweilte einen Augenblick regungslos im Sattel.
Die Sichel des Mondes flackerte blaß und schmal über dem Anwesen. Aus den Bogenfenstern schimmerte ein wundervolles Licht in vielen Farben: Rosenrot und Violett und Zitronengrün.
Plötzlich spürte er die Faszination, die bereits andere Lebemänner vor ihm ergriffen hatte, als sie zum ersten Mal diesen verführerischen Ort sahen.
Er hatte die geheime Adresse aus den Kreisen römischer Frauenliebhaber erhalten, die sie wie einen Schatz hüteten. Das Haus gehörte einer Hure.
Aber es war keine von der Art, die in den Weinschenken verkehrten. Diese hier war kultiviert und hatte den Ruf, in den Liebeskünsten besonders begabt zu sein. Ein neuer Stern am Kurtisanenhimmel, so glänzend und schön wie Venus.
Der Kardinal warf einen Blick zurück auf den Vatikanpalast, der wie eine Burg aus Elfenbein in der warmen Nacht schimmerte. Der Papst galt als sittenstrenger Hirte. Wenn das Abenteuer im Vatikan bekannt würde, mußte der Kardinal damit rechnen, verbannt zu werden.
Aber er mußte auch daran denken, daß hier eine Venus auf ihn wartete. Gott würde ihn verstehen.
Er gab seinem Pferd die Sporen und ritt zum Eingang des Hauses. Ein Diener trat auf ihn zu.
»Monsignore, meine Herrin erwartet Euch bereits.«
Der Kardinal glitt aus dem Sattel, überließ dem Bediensteten sein Pferd und betrat dann den bemalten Eingang des Hauses.
Eine breite Treppe führte in einen prächtig eingerichteten Salon. Die Wände waren mit vergoldetem spanischem Leder und mit schönen Bildern dekoriert.
In einem reichverzierten Sessel saß eine schöne, elegante

junge Frau. Sie trug ein prächtiges Kleid, das mit Perlen und goldenen Ornamenten bestickt war.
Ihr Haar leuchtete wie goldene Seide. Ihre Augen waren von einem violetten Blau, das sich im Licht der Öllampen fast in Schwarz verwandelte.
Sie stand auf und kam dem Besucher entgegen.
»Eure Eminenz, ich habe für uns ein einfaches Mahl vorbereitet«, sagte sie, nahm seine Hand und führte ihn in einen angrenzenden Raum.
Eine Dienerin brachte ein großes silbernes Becken und einen Krug mit parfümiertem Wasser. Der Kardinal wusch sich die Hände. Dann gab es ein köstliches Mahl.
Danach führte die Kurtisane ihn in ihr Schlafzimmer, das nur vom Schein eines brennenden Dochtes in einer Schale erhellt wurde. Sie entledigte sich ihres Gewandes, legte sich nackt auf das purpurne Bett und zeigte sich ihm, damit er sicher sein konnte, sie habe kein Zeichen von Syphilis oder einer anderen ansteckenden Krankheit.
Mochte sie auch nackt auf dem Rücken liegen, so wirkte sie doch bekleidet wie eine goldene Göttin. Ihre Haut und ihr Haar schimmerten wie aus gewobenem Gold.
Der Kardinal hatte keine Eile, zu ihr zu kommen. Alles wollte in Ruhe getan werden. Es war wie bei einer religiösen Zeremonie. Und die Zeremonie mußte eingehalten werden.
Langsam entledigte er sich seines Rocks und seiner Stiefel und näherte sich dem Bett, auf dem sie lag, ließ sich zu ihren Füßen nieder und berührte ihre Fesseln. Es war, als könne er sich nur auf dem Umweg über die schlanken Säulen ihrer Beine ihrem Altar nähern. Seine Augen verloren sich eine Zeitlang in ihren Augen. Nie zuvor hatte er so schöne Augen gesehen. Er hatte das Gefühl, in einen violetten Tempel zu blicken, dessen Tore weit geöffnet waren.
Deutlich spürte er die Aufforderung, diesen wunderbaren Tempel zu betreten. Den Tempel der Hure.

»Komm an meinen Altar und vermähle dich mit mir«, lockte sie ihn.
Da konnte er ihrem Zauber nicht länger widerstehen.
Im gleichen Augenblick erklangen in dem Haus erregte Stimmen.
Der Kardinal hob den Kopf.
»Was hat das zu bedeuten?«
Die Kurtisane lächelte ihn an.
»Nichts Besonderes, mein Geliebter. Wahrscheinlich nur eine kleine Meinungsverschiedenheit zwischen meinen Bediensteten.«
Sie streichelte ihn mit den Fingerspitzen.
»Komm wieder zu mir, mein kleiner Gott...«
Im gleichen Augenblick war eine wütende Männerstimme zu vernehmen.
»Ich werde diesem Meßdiener des Papstes die Hoden zerquetschen und ihn zusammen mit seiner heiligen Jungfrau zum Teufel schicken.«
Dann war auf der Treppe das Stakkato von schweren Stiefelschritten zu vernehmen.
Der Kardinal fuhr hoch und sprang aus dem Bett. Aber er kam nicht mehr dazu, sein Hemd überzustreifen. Die Türen zu dem Gemach flogen auf, und ein mit einem Stock bewaffneter Mann drang in das Zimmer ein.
Sein Gesicht war vor Wut verzerrt, seine Augen funkelten wild.
»Du dreckiger Hurensohn des Heiligen Vaters«, zischte er haßerfüllt. »Wenn du glaubst, in diesem Haus ungestört vögeln zu können, hast du dich getäuscht. Diese Madonna unter den Huren gehört mir, mir allein.«
Die Kurtisane sah amüsiert zu, wie der eifersüchtige Freier näherkam.
»Ich werde diesen Pfaffen zur Strafe in Stücke hauen und den römischen Hunden zum Fraß vorwerfen.«

Im gleichen Augenblick sprang der Mann vor. Der Kardinal schrie vor Schmerz auf, als er von einem Stockschlag seines Gegners im Gesicht getroffen wurde. Blut rann aus seiner Nase. Aber der Schmerz verlieh ihm ungeahnte Kräfte. Mit den Zähnen erwischte er die Hand seines Kontrahenten und biß sich darin fest, bis Blut floß.
Das Gesicht seines Gegners wurde blau. Seine Hand verlor ihre Kraft, und der Stock fiel zu Boden. Der Kardinal warf sich auf den anderen.
Die Kurtisane war aus dem Bett gesprungen und sah einen Augenblick zu, wie die beiden Männer über den Boden rollten. Dann fiel ihr Blick auf ihre Bediensteten, die sich neugierig am Eingang zum Schlafgemach drängten.
»Worauf wartet ihr noch«, sagte sie. »Werft diese beiden Narren aus meinem Haus!«
Darauf packten die Diener die beiden Männer.
Das Gesicht des Kardinals lief rot an.
»Hure«, knirschte er zwischen den Zähnen hervor.
Die Kurtisane lächelte nur, als die beiden Freier aus dem Raum geschleppt wurden. Dann schloß sie die Tür hinter ihnen…

*

So wild trieben es die Kardinäle von der Engelsburg. Nach heutigem Sprachverständnis würde man sie als Playboys bezeichnen.
Einer von ihnen: Kardinal del Monte. Er trug unter Pius IV. (1559–1565) den roten Hut.
Ein Protokoll im Geheimarchiv des Vatikans belegt, daß sich der Kardinal offenbar wie ein Landstreicher nachts in den Straßen und Bordellen herumgetrieben und mit Leuten Prügeleien angefangen hat.
»Freitagnacht geriet er nicht nur in eine Schlägerei mit einer Bande von Straßenjungen«, heißt es in einem *avviso*, einem Nachrichtenbrief aus dem Jahre 1560, »sondern später

hatte er im Haus der Kurtisane Martuccia eine Prügelei mit Signor Giacomo Malatesta ...«

Unbestritten ist: Für den Kardinal hatte die Eskapade ein peinliches Nachspiel. Als Seine Heiligkeit Pius IV. die nächtlichen Abenteuer seines Kirchendieners zu Ohren kamen, zitierte er ihn zu sich in den Palazzo. Zur Strafe mußte del Monte drei Abteien abtreten. Außerdem wurde ihm angedroht, seinen Kardinalshut abgeben zu müssen, »wenn er nicht zur Vernunft kommt«.

Schon Papst Pius II. (1458–1464) klagte das wilde Leben seiner Kardinäle an: »Wenn Wir diese Würde [die Kardinalswürde] nur denjenigen verleihen, die sie wirklich verdienen, müssen Wir im Himmel nach Leuten suchen, denen Wir den roten Hut geben können. Da Wir aber nun einmal Menschen sind und nicht den Himmel und die Engel, sondern die Erde und die Menschen zu regieren haben, werden Wir Menschen wählen.«

Denn zu keiner anderen Zeit waren die Feste der Kardinäle so ausschweifend, der Lebensstil der Männer mit dem roten Hut so aufwendig, die Liebschaften mit den schönsten Kurtisanen Roms so offenkundig und das Ringen der Kavaliere um die Gunst der Frauen so leidenschaftlich.

Diese Kardinäle, die nachts durch Roms Straßen und Bordelle schlichen und tags darauf mit Dutzenden von Reitern zu luxuriösen Jagdgesellschaften aufbrachen, sollten später selbst die Kirchengeschichte bestimmen: Viele stiegen zu Päpsten auf, was sie allerdings nicht daran hinderte, ihr süßes Leben fortzusetzen.

Einer von ihnen war Rodrigo de Borja (später Borgia), der unter dem Namen Alexander VI. als der wohl berühmt-berüchtigtste der Renaissance-Päpste in die Annalen einging. Seine Kritiker sagten über ihn, er sein ein »Teufel der Liebe« gewesen, andere nannten ihn einen »vollkommenen Verbrecher« und »Sohn des Chaos«.

Zu verdanken hat Rodrigo Borgia dieses Etikett sicher nicht nur seiner skrupellosen Finanzpolitik und Vetternwirtschaft, sondern vor allem seinem unsoliden Lebenswandel als Kardinal. Der brachte selbst Päpste aus der Fassung.
Insgesamt diente der gutaussehende Spanier, dem kaum eine Frau widerstehen konnte, unter fünf verschiedenen Päpsten. Protegiert wurde er zunächst von seinem Onkel Alonso de Borja, der den Papstnamen Calixtus III. (1455–1458) trug. Er war der zweite spanische Pontifex.
Calixtus hat offenbar die Talente seines Neffen früh erkannt, denn mit fünfundzwanzig wurde dieser bereits Kardinal. Ein Jahr später hatte er das erste Ziel seiner Blitzkarriere erreicht: Rodrigo stieg zum päpstlichen Vizekanzler und Oberbefehlshaber der päpstlichen Truppen auf.
Dieses Amt verwaltete er fünfunddreißig Jahre lang. Er sicherte sich damit den Reichtum, der die Grundlage für seinen aufwendigen Lebensstil war. In Rom galt er als zweitreichster Kardinal nach dem Franzosen Estonteville.
Doch es war nicht nur das Geld allein, das den Kardinal zum Favoriten bei den Frauen machte. Zeitgenossen berichten, er sei ein glänzender Kavalier und Tänzer gewesen, der das weibliche Geschlecht »stärker anzog als ein Magnet das Eisen«. Und dieses Verhältnis zu den Frauen war es auch, das ihn immer wieder in Konflikt mit dem Papst brachte.
Der Nachfolger Calixtus III., Enea Silvio de Piccolomini, eben jener Pius II., der angesichts seiner Kardinäle nur resignieren konnte, setzte zwar auch auf das finanzielle Geschick des Borgia, rügte seinen Lebenswandel jedoch wiederholt in scharfer Form.
Pius II. liebte ausgedehnte Exkursionen durch Italien, auf denen ihn der heißblütige Borgia meist begleitete. Eine dieser Reisen führte den Papst nach Mantua. Er hatte dort eine Fürstenkonferenz einberufen.
Die Anreise dauerte allein sechs Monate, und Pius' Enttäu-

schung war groß, als er, in Mantua angelangt, kaum einen der geladenen Würdenträger vorfand. Den Kardinälen wurde das Warten auf die italienischen Fürsten lang. Sie beklagten sich beim Papst, weil sie auf ihr süßes Leben verzichten mußten.

Das gesellschaftliche Leben fand in Mantua nämlich nicht in den Mauern der Stadt selbst statt. Vielmehr fuhr der Adel, wie die Fürstenfamilie Gonzaga, mit kleinen Schiffchen über die Flüsse und Kanäle, um sich bei der sommerlichen Hitze auf dem Wasser zu vergnügen.

Rodrigo Borgia machte es den Gonzagas nach und begab sich aufs Wasser. Zusammen mit zwei anderen Kardinälen, Alain und Colonna, so ist überliefert, ging er häufiger auf Vergnügungstour.

Als Pius II. von den Eskapaden seines Vizekanzlers erfuhr, soll er außer sich gewesen sein. Er ordnete an, daß der heißblütige Spanier sein Quartier in Mantua nicht mehr verlassen durfte.

Der Grund für das Ausgehverbot ist nicht überliefert. Die Quellen schweigen über das, was sich während der Ausflüge abgespielt hat. Doch die Abenteuer des Kardinals müssen den üblichen Rahmen gesprengt haben, denn Papast Pius II. war selbst kein Kostverächter. Immerhin hat er mindestens zwei Kinder gehabt, von denen er eines seinem eigenen Vater mit den Worten übergab: »Ich bekenne frei meinen Irrtum, bin ich nicht heiliger als König David noch weiser als Salomon.«

Die Verhandlungen in Mantua führten zu keinem konkreten Ergebnis. Selbst ein Versuch des Papstes, die Fürsten zu einer gemeinsamen »Türkenhilfe« durch eine Bulle zu zwingen, schlug fehl.

Mit den Gonzagas unterhielt Rodrigo Borgia weiterhin eine intensive Korrespondenz. Die Fürstenfamilie war berühmt für ihre Pferde- und Hundezucht wie auch für ihre Falkne-

rei. Später übersandten sie dem Vizekanzler, der ein begeisterter Jäger war, viele Prachtexemplare aus ihren Züchtungen.
Die Kapriolen des zu dieser Zeit zweitmächtigsten Mannes im Vatikan sorgten auch auf der Rückreise von Mantua nach Rom für manche Überraschung. In Petrioli, einem kleinen Ort in der Nähe von Siena, wollte Pius II. mit einer Badekur etwas gegen seine Podagra, seine Fußgicht tun.
Und wieder war es Rodrigo Borgia, der diesmal zusammen mit dem französischen Kardinal Rohan für einen handfesten Skandal sorgte. Wie überliefert, sollten die beiden Kirchenfürsten als Taufpaten der wohlhabenden Familie de Bichis fungieren. Kaum aber waren die beiden Kardinäle, der Sitte entsprechend, zusammen mit den Damen der Gesellschaft durch das Gartentor eingetreten, um sich zum Festessen zu begeben, ließen sie dieses Tor schließen. Die Ehemänner mußten vor verschlossenen Türen warten, während die beiden Oberhirten ungestört mit den Damen aus Siena tafelten.
Das Ereignis verbreitete sich sofort wie ein Lauffeuer durch die ganze Stadt. Die gehörnten Ehemänner der Damen sollen empört gerufen haben: »Bei Gott, wenn diejenigen, welche innerhalb eines Jahres geboren werden, in den Kleidern der Väter zur Welt kämen, müßten sie alle Priester und Kardinäle sein.«
Der Vorfall wurde dem Papst sofort übermittelt, der daraufhin einen Brief an Kardinal Rodrigo verfaßte, in dem er ihn auf seine Verantwortung als geistlicher Würdenträger, auf das Andenken, das er seinem Onkel Calixtus III. schuldig sei, und an die Qualen der Höllenstrafe nachdrücklich hinwies.
Über das Taufgelage schrieb der Papst:

»Man sagt, daß die Tänze hemmungslos waren, daß die

Liebesverführungen keine Grenzen kannten, und daß Ihr selbst Euch benommen habt wie ein Jüngling der Laienwelt... Der Vikar Christi, er selbst, ist der Verachtung ausgesetzt, weil sie glauben, daß er vorgibt, angesichts solcher Aufführungen nichts zu merken.«

Und weiter rügte der Papst:

»Wir überlassen es Euerem Urteil zu sagen, ob es mit Eurer Würde vereinbar ist, daß Ihr den Mädchen schmeichelt, ihnen jeden Moment Früchte sendet, den Wein kostet und ihn dann derjenigen bringen laßt, die Euch am besten gefällt, einen ganzen Tag als entzückter Zuschauer jeder Art von Lustbarkeit verbringt.«

Der päpstliche Verweis änderte nicht den Lebenswandel des Kardinals Borgia. Im Jahre 1462 wurde sein erster Sohn Pedro Luis geboren, und seine Vorliebe für die Frauen behielt er auch bei, als er zum Stellvertreter Christi gewählt wurde. Pius II. förderte ihn weiterhin, trotz der zahlreichen Eskapaden. Er konnte nicht auf das Finanzgenie seines Vizekanzlers verzichten. Aufgrund dieses Talentes und seiner guten Beziehungen zu Fürsten, Königen und Kaisern übersah man immer wieder seine Liebestollheiten.

Mit dreiunddreißig Jahren reiste Rodrigo noch einmal mit Pius II. durch Italien. Die Geschäfte im Namen Petri führten die Kirchenfürsten diesmal nach Ancona. Hier wurde Rodrigo ein Liebesabenteuer zum Verhängnis. Er steckte sich bei einer »x-beliebigen Frauensperson« mit Syphilis an.

Die Krankheit verursachte schwere Narben in seinem Gesicht. Aus Scham trug er später in Rom zeitweise eine Maske, was den berühmtesten Liebhaber auf dem Stuhl Petri nicht nur zur Karnevalszeit für die Frauen noch geheimnisvoller und attraktiver machte.

Überhaupt lebten die Kardinäle während der tollen Tage erst richtig auf. Sie veranstalteten die verrücktesten Kostümfeste, versteckten sich hinter exotischen Masken und verwandelten die Piazza vor dem Petersplatz in eine blutige Stierkampfarena.
1499 war eines jener Jahre, in denen das Karnevalstreiben zwischen den sieben Hügeln Roms die Stadt zum Überkochen brachte. Die Feste, die auf allen großen Plätzen veranstaltet wurden, gipfelten in dem »Triumphzug des Vespasian« auf der Piazza Navona. Ein Schauspiel, das Tausende anzog.
Hundert Reiter brachen in ihren antiken römischen Gewändern zum Monte Testaccio auf. Höhepunkt des Karnevalsfestes war das große Schweinestechen. Ein brutaler Sport, für den sich auch die Kardinäle begeisterten.
Vom Monte Testaccio aus wurden schwere Holzkarren mit Schweinen beladen und von Stieren und Bullen den Berg hinuntergezogen. Dabei versuchten die Reiter, die Stiere und Schweine mit ihren Lanzen abzustechen.
Einer der erfolgreichsten »Matadore« und schillerndsten Figuren des Jahres 1508 war der neunundzwanzigjährige Kardinal Luigi d'Aragona. Zunächst hatte er sich die Komödie »Mostelleria« (Die Gespensterkomödie) von Plautus angeschaut, als Anregung für den eigenen Karneval sozusagen.
Das Lustspiel schildert die Abenteuer zweier lebenslustiger Römer, Phitolaches und Callidamates, deren Eskapaden und vor allem deren Liebschaften mit ihren Mätressen. Zeitzeugen behaupteten sogar, der Inhalt der Komödie sei dem Leben der Kardinäle nicht unähnlich gewesen.
So berichtet einer der Gesandten aus Ferrara, Luigi d'Aragona sei mit einer Gruppe anderer junger Kardinäle zusammen maskiert durch Rom gezogen, habe sein Pferd ohne Sattel nur mit einer Samtauflage geritten und mit seinen

Kumpanen als Mamelucke (freigelassener Kaufsklave) verkleidet am Monte Testaccio zehn Stiere getötet.
Der Stierkampf war bei den spanischen Kardinälen besonders beliebt. Die Tradition stammte schließlich aus ihrem Heimatland und wurde bereits im 14. Jahrhundert nach Rom importiert.
Kaum verwunderlich, daß sich auch der Sohn des Vizekanzlers Rodrigo, Cesare Borgia, an dem Kampfspiel beteiligte. Er soll mit einer eigens dafür ausgebildeten Reitergruppe, bei der es sich vermutlich um richtige Matadore handelte, an der »Corrida« teilgenommen und ebenfalls zehn Stiere erlegt haben.
Eine Attraktion waren auch die vielen Bälle, die von den reichen Adeligen und den Kardinälen in ihren Palästen veranstaltet wurden. Dabei war es Tradition, daß sich die Kurtisanen und Mätressen als Männer verkleideten, um nicht erkannt zu werden. So konnten sie ihren Geschäften ungestört nachgehen.
In dieser Welt der Lust und des Rausches kleideten sich die jungen Kardinäle mit Vorliebe wie die adeligen Lebemänner der Stadt, und sie fielen vor allem durch die Pracht ihrer Kostüme auf. Da waren weiße Brokatgewänder mit schwarzen Samt in Mode oder Hermelinpelze, die noch am gleichen Tag für das nächste Fest beispielsweise gegen eine golddurchwirkte Tunika eingetauscht wurden.
Die Pracht der Kostüme war so groß, daß sich die Kurtisanen, die zu den Gesellschaften der Kardinäle und Fürsten eingeladen wurden, die Kleider bei ihren reichen Auftraggebern leihen mußten.
Für die exotischen Feste wurden häufig auch berühmte Maler und Architekten »abkommandiert«, um phantasievolle Bühnenbilder zu kreieren. Die Aufgabe dieser Künstler war es normalerweise, wertvolle Gemälde anzufertigen und den Ausbau der römischen Kirchen zu leiten.

Der für seine Madonnen-Bilder allseits geschätzte Maler und Architekt Raffaello Santi mußte im Jahr 1519 für die Aufführung von Ariosts Komödie »I suppositi« (Die Vermeintlichen) eine gewaltige Kulisse entwerfen. Sicher hätte der Künstler, der zu dieser Zeit mit dem Bau der berühmten Villa Madama beschäftigt war, lieber an dem gewaltigen Palast weitergearbeitet, als eine Bühnendekoration zu Papier zu bringen. Dem Befehl des Papstes wagte sich jedoch kein Künstler zu widersetzen.

Schon Raffaels Lehrer und Förderer Bramante, der die neuen Pläne für die Peterskirche entwickelt hatte, ärgerte sich darüber, wie die Künstler im Umgang mit den Mächtigen immer den kürzeren zogen. Auch von Michelangelo ist bekannt, daß er lieber den Bohrer in den Stein einer schönen Statue getrieben hätte, als die Sixtinische Kapelle auszumalen. Raffael gab sich alle Mühe, die gewaltige Szenerie aus Säulen, riesigen Gebälken aus Karton und Papier zu zeichnen, und das Ergebnis konnte sich sehen lassen. Über zweitausend Männer sahen die Aufführung im Palast des Kardinals Cibo, der ein Neffe von Papst Leo X. war.

Nachdem der Papst die Menge gesegnet hatte – so die Aufzeichnungen des Berichterstatters der Bank von Venedig –, konnte das Schauspiel beginnen. Weiter vermerkt Sièr Toma Bartolomeo, der Papst selbst habe an den unschicklichsten Stellen der zotigen Komödie lauthals gelacht.

Obwohl Rom im 16. Jahrhundert von der Pest heimgesucht wurde, gingen die Kardinäle ihren exklusiven und exzentrischen Privatvergnügungen weiter nach. Sie spielten, tafelten und jagten, während das Volk hungerte. Die Stadt schien nach dem ersten Viertel des Jahrhunderts zusehends in Dekadenz zu verfallen.

Kardinal Cornaro zum Beispiel war ein passionierter Jäger und ließ trotz der schwierigen Lage keine Gelegenheit aus, ins Horn zu stoßen. Anläßlich eines Besuches seines Onkels

ließ er eine Jagdgesellschaft von hundert Reitern in die Wälder vor Rom aufbrechen, die er selbst auf einem rassigen, andalusischen Pferd anführte.
Danach fand ein Prunkgelage mit fünfundsiebzig Gästen statt. Jede der exquisiten Speisen wurde auf massivem Silber dargereicht. Beste Musiker mit Lauten, Violinen und anderen Instrumenten unterhielten die Gäste mit Gesang und Spiel. Wenngleich das Gelage auch sechs Stunden dauerte, so war dies beim Lebensstil der römischen Kardinäle nichts Besonderes. Die Spiele der Reichen wurden immer ausgefallener und verrückter. Auch die Kunst des Essens. Eine skurrile Mode kam aus Florenz: Extravagante Gastmähler mit Geistereffekten.
Erfunden wurden diese theaterreifen Banketts von einer millionenschweren Bankiers- und Handelsfamilie mit Sinn für das Makabere: den Strozzi.
Einst unter den Florentiner Medici-Fürsten in die Verbannung geschickt, durfte der Sohn Filippo di Matteo Strozzi 1466 in seine Vaterstadt zurückkehren. Die Familie gewann rasch wieder Anerkennung, nicht zuletzt durch den Bau des gewaltigen Palazzo Strozzi, für dessen Errichtung Lorenzo il Magnifico (ein Medici) extra eine Straße begradigen ließ.
Die kunstbeflissenen Strozzi begannen mit dem Palast um 1490. Kurz vor seiner Vollendung in den dreißiger Jahren des 16. Jahrhunderts kam die Bautätigkeit jedoch zum Erliegen. Die Nachfahren der geschickten Kaufleute widmeten sich mehr der Kunst des Essens als der Baukunst.
Allerlei Schauerlichkeiten wurden den Gästen dabei zugemutet: Komplizierte Mechanismen und ausgeklügelte Geräte erzeugten Effekte wie in einem Geisterhaus. Manchem Teilnehmer wurde angst und bange.
Entstanden waren diese Trickmaschinen in den Handwerksgilden und wurden eigentlich für Theateraufführungen und andere Inszenierungen entwickelt.

Die Strozzi waren eine der Familien, die dieses Possenspiel kultivierten und die szenischen Effekte in die Kunst des Essens einführten. Wenn auch nicht immer unter dem Beifall der geladenen Gäste und Kardinäle …

*

Die vier Kardinäle, die zwei Hofnarren des Papstes und die drei Kurtisanen stiegen aus ihren Sänften und gingen zu dem dunklen Hauseingang. Es war eine warme Nacht, und die Prostituierten trugen Gewänder aus feinstem Leinen, das die Brüste und Lenden durchscheinen ließ.
»Mein lieber Monsignore, wohin haben Sie uns gebracht?« wandte sich einer der Hofnarren an den Neffen des Papstes.
»Dies ist die Villa eines befreundeten Bankiers«, antwortete der Kardinal. »Hier findet in dieser Nacht ein großartiges Mahl statt.«
Der Hofnarr starrte auf das palastartige Haus. Es wirkte wie verlassen. Kein Lichtschein drang nach draußen. Kein Laut war zu vernehmen. »Monsignore, das scheint eher ein Ort für einen Hexensabbat zu sein als für ein Abendessen.«
»Worauf warten wir dann noch«, entgegnete eine der Kurtisanen lachend und hakte sich in den Arm des Kardinals ein. Sie betraten das Haus und sahen, daß in der Eingangshalle nur eine jämmerliche Kerze brannte. Überrascht blieben sie stehen. Denn noch immer war keine Menschenseele zu sehen, kein Geräusch zu vernehmen.
»Das gefällt mir ganz und gar nicht«, flüsterte einer der Kardinäle.
»Keine Angst Hochwürden«, spottete eine der Mätressen. »Diese Art von Schabernack ist zur Zeit der letzte Schrei in Rom.« In diesem Augenblick erschien der Herr des Hauses. Er war bekannt für seine erotische Eleganz und Lebenslust.
»Willkommen, Signori.«

Der millionenschwere Bankier und Lebemann deutete eine knappe Verbeugung an.
»Bitte folgen Sie mir. Das Gastmahl ist angerichtet.«
Er führte die illustre Gesellschaft eine Treppe hinauf, dann eine andere hinunter und blieb schließlich vor einer schwarzen Tür stehen.
Als sie geöffnet wurde, blickten die Kardinäle und ihre Begleiterinnen in einen Raum, der schwarz ausgeschlagen war. In den Wänden waren Löcher, gefüllt mit Totenschädeln.
Die schauerliche Wirkung wurde durch vier Gerippe verstärkt, die in den Ecken des Raumes hingen, jedes mit einer kleinen Kerze dahinter. In der Mitte stand ein Tisch, auch mit schwarzem Tuch bedeckt, darauf ein Holzteller, auf dem ein weiterer Schädel und vier Knochen lagen. Ringsherum standen vier mit Wein gefüllte Holzbecher.
Der Bankier brach das Schweigen.
»Meine Herren, nehmt Euer Mahl zu Euch.«
Aber keiner der Kardinäle wollte sich setzen. Plötzlich begannen sich die Schädel zu drehen, und es kamen gekochte Fasanen aus ihnen heraus, und aus den Knochen große Würste. Erst jetzt griffen die Gäste zögernd zu, aßen einen Happen und tranken von dem Wein.
Anschließend führte der Bankier sie in eine große Halle, die wie eine Sternenwelt wirkte. Viele Lampen brannten dort. Auch in diesem Raum stand ein Tisch.
Plötzlich hörten sie ein Geräusch, und wie von Zauberhand serviert erschienen silberne Schalen mit Unmengen von Delikatessen, Fasanen, Rebhühnern und Salaten, dazu Gläser mit Getränken.
Als die Gäste Platz nehmen wollten, gab es plötzlich einen lauten Knall, und der ganze Raum begann sich zu drehen. Obwohl sie ein paar Becher Wein vertragen konnten, wurde den Kardinälen übel. Sie sprangen entsetzt auf und rannten davon …

*

III.
Das Weiberregiment im Vatikan
Als Frauen die Päpste regierten

Sie stand zusammen mit ihrem Sohn auf dem mächtigen Turm ihrer Adelsburg und ließ den Blick über die Ewige Stadt gleiten. Von hier oben hatten sie eine herrliche Aussicht über das alte Rom mit seinen Triumphbögen, Thermen und Tempeln, den Zeugen alter Herrlichkeit.
In der Abenddämmerung wirkte die Stadt der Päpste wie eine Oase des Friedens. Kaum hörbar summten Stimmen aus den antiken Portiken, den Bogenhallen und dem Amphitheater, wo sich das Volk in Buden, Handwerksstätten und notdürftigen Wohnungen eingerichtet hatte.
Doch das friedliche Bild täuschte. Wenn die Steine von Rom hätten reden können, hätten sie erzählt von Leid und Not, von Blut und Tränen. Diese Stadt und ihr Volk waren in der Vergangenheit niemals zur Ruhe gekommen, und sie sollten bis in alle Ewigkeit noch viele Eroberer und Päpste sehen.
Nicht nur die verfallene, mit zersplitterten Türmen versehene Stadtmauer, die sich von der Porta Flaminia am Fluß bis zur Hadriansbrücke hinzog, legte Zeugnis davon ab. Auch die trotzigen Türme der vielen Adelsburgen, die sich vom Forum zum Circus Maximus erstreckten, erzählten vom Kampf der mächtigsten Geschlechter untereinander.
In jenen Tagen gab es keinen Adeligen, der nicht einen Turm besaß. Es war Sitte, seinen Besitz wehrhaft zu befestigen. Mit ihrer Sippe und Gefolgschaft wohnten die großen Familien in unheimlichen, durch schwere Eisenketten versperrten Quartieren. Mit wildem Waffengetöse brachen sie von Zeit zu Zeit daraus hervor, um ihre Erbfeinde zu bekriegen.
Der Kampf um die Macht gehörte zum täglichen Leben in dieser Stadt, und die Frau auf dem Turm spielte eine wichtige Rolle dabei.
Ihr Kastell stand auf dem Aventin. Sie entstammte dem berühmten Geschlecht der Grafen von Tusculani aus der Stadt Tusculum. Ein Ort, der älter war als Rom und dessen Ursprung sich in den Mythen des Odysseus verlor.

Ihr Vater nannte sich Magister Militum, Consul, Dux und Senator. Ihre Mutter und sie selbst trugen den Titel Senatrix. Von ihrer Mutter hatte sie nicht nur das Anlitz einer Frau geerbt, die zum Herrschen geboren ist, sondern auch ihren zügellosen Charakter, ihre List und ihre kalte Schönheit.

Stolz erhob sich ihr Kopf. Ihr Hals wirkte wie aus Elfenbein, die Augen leuchteten wie grüne, kalte Steine. Das Haar, rot wie der Purpur des Papstes, fiel in Wellen auf ihre weißen Schultern.

Sie trug an diesem Abend ein Kleid aus blauem Samt, das mit goldenen Kordeln verziert war. Auch ihre Halskette und Ringe waren aus massivem Gold und mußten ein Vermögen gekostet haben.

Sie blickte ihren zweiundzwanzigjährigen Sohn an.

»Ich habe dich hierher bestellt, weil ich mit dir wichtige Dinge zu besprechen habe.«

»Hat dies nicht bis morgen Zeit?« entgegnete er.

Sie hob die schmalen Augenbrauen.

»Nein. Du hast dich lange genug nur mit deinen Pferden und deinen Lustknaben beschäftigt. Es wird höchste Zeit, daß du lernst, Verantwortung zu übernehmen, damit wir die Macht unserer Familie weiter ausbauen können.«

Er schwieg und starrte seine Mutter an. Eine Aura der Sinnlichkeit und Stärke umgab sie. Seit er sich erinnern konnte, beherrschte sie die Männer. Auch seinen Vater, den Papst, dessen Geliebte sie war, hatte sie gezähmt.

Sie wußte, wie sie die Welt erobern konnte. Es schien für sie ganz einfach zu sein: Man mußte die Männer, oder zumindest einen von ihnen, beherrschen. Das war der Anfang der Macht.

Ihrem Sohn war klar, daß sie auch Macht über ihn hatte. Und er konnte nichts dagegen tun. Aber er haßte sie deswegen und hatte zugleich schreckliche Angst vor ihr. Sie war wie eine Schlange, verführerisch und verschlagen.

Zu gerne hätte er jetzt gewußt, was hinter ihrer Stirn vorging, aber ihre Augen wirkten wie immer unergründlich.
In diesem Augenblick versank im Osten die Sonne und hüllte die Stadt in einen leuchtenden Purpurmantel.
»Die Tage des Papstes sind gezählt«, unterbrach seine Mutter das Schweigen.
Er starrte sie überrascht an.
»Woher willst du das wissen?«
»Weil es bereits einen neuen Kandidaten gibt.«
»Selbst wenn es so wäre«, antwortete er. »Der derzeitige Papst freut sich bester Gesundheit. Freiwillig wird er den Stuhl Petri auf keinen Fall räumen. Er klebt genauso daran wie seine Vorgänger, und man müßte ihn schon mit Gewalt fortjagen oder beseitigen.«
»Es wäre nicht das erste Mal in der langen Geschichte der Kurie, daß ein Papst auf diese Weise seinem Nachfolger Platz machen müßte«, meinte seine Mutter kühl. »Zum Wohlergehen der Kirche ist es manchmal die beste und einfachste Lösung. Der derzeitige Papst ist ein völlig skrupelloser Mann. Oder hast du vergessen, daß er ein fünfjähriges Kind zum Erzbischof gemacht hat?«
»Willst du ihn deswegen umbringen lassen?«
Eine Pause trat ein. Er starrte seiner Mutter ins Gesicht. Er sah die Kälte in ihren Augen, und ein Schauer lief ihm über den Rücken.
Sie war viel rücksichtsloser, als er gedacht hatte, und plötzlich wurde ihm klar, daß sie zu allem fähig war. Ihr war jedes Mittel recht, um an die Macht zu kommen. Sogar ein Mord. Selbst davor würde sie nicht zurückschrecken.
»Was denkst du?« fragte sie.
»Daß der derzeitige Papst der Geliebte deiner Mutter ist«, sagte er leise.
Sie lachte amüsiert auf.
»Was gehen mich die Liebesabenteuer meiner Mutter an. Ich

bin das Gesetz in dieser Stadt und kann keine Rücksicht auf irgendwelche familiären Bande nehmen. Es ist beschlossen: In dieser Nacht wird der Papst das Zeitliche segnen.«
Er starrte sie überrascht an.
»In dieser Nacht?«
»Ja«, sagte sie, und ihre Augen zogen sich zusammen.
»Aber der Papst wird scharf bewacht«, entgegnete er. »Kein Außenstehender kommt in seine Nähe.«
Wieder lachte sie amüsiert.
»Seine Wachen und Kammerdiener sind genauso bestechlich wie seine Vettern und Verwandten, seine Kardinäle und Bischöfe. Diese Judassöhne des Vatikans denken nur an ihre Karriere und ihren Profit. Sie unterscheiden sich in nichts von dem Jünger Jesu, der den Sohn unseres Herrn dem Tod auslieferte. Versprich ihnen dreißig Silberlinge und ein hohes Amt, dann verraten sie auch den Stellvertreter unseres Herrn.«
»Und falls etwas schiefgeht?« flüsterte er.
»Es kann nichts schiefgehen«, sagte sie. »Ich habe den Plan selbst ausgedacht und werde ihn auch allein ausführen.«
Angst, aber auch Bewunderung spiegelten sich in diesem Augenblick in den Augen ihres Sohnes.
»Warum tust du das alles? Wer soll denn der nächste Papst werden?«
Sie legte ihm die Hand auf den Arm.
»Du, mein Sohn, sollst auf dem Thron Petri Platz nehmen.«
Er starrte sie ungläubig an, aber die Dunkelheit verbarg jetzt ihre Gesichtszüge.
»Ich?«
»Ja, so habe ich es beschlossen.«
»Ich weiß nicht, was ich sagen soll«, sagte er, und seine Stimme schwankte zwischen Angst und Rührung.
»Du brauchst mir nicht zu danken«, sagte sie. Dann drehte sie sich um und verschwand lautlos in der Dunkelheit.

Wie betäubt starrte er zur Engelsburg. Sie wurde jetzt von schwarzen Schatten eingehüllt und sah wie etwas Totes und Erloschenes aus. Nur ein paar Sterne flackerten trügerisch darüber, wie wandelnde Seelen, die keine Ruhe finden.
Der Mond ging sehr spät auf an diesem Abend, und es war schon nach Mitternacht, als eine Gestalt mit schlafwandlerischer Sicherheit durch das Labyrinth des großen, kalten und schlafenden Papstpalastes schlich.
Bis auf die Wachen war niemand zu dieser Stunde zu sehen. Sie standen wie versteinert in den vielen Nischen. Im Vatikan war es völlig still.
Der Papst schlief unruhig. Einmal wurde er durch ein Rascheln wach. Er hob den Kopf. Irgend etwas hatte sich verändert. Dann sah er, wie sich die Vorhänge vor dem Fenster im Nachtwind blähten und die Form eines Körpers annahmen, als ob sich dahinter ein Fremder versteckte.
Wer? dachte er. Wer ist dort?
Einen Augenblick hielt er den Atem an und wollte schon nach den Wachen rufen. Dann sah er, wie die Vorhänge wieder glatt wurden. Sie hingen jetzt völlig bewegungslos.
Es war nur der Wind, dachte er. Niemand konnte sich ungesehen an den Wachen vorbeistehlen und in sein Zimmer eindringen.
Er lag eine Weile still und fühlte, wie er ruhiger wurde. Die Müdigkeit kam zurück. Sie wirkte wie ein schwerer Meßwein, und er ließ sich von ihr in das schwarze Nichts davontragen.
Er nahm nicht wahr, wie ein Schatten hinter den Vorhängen hervorglitt und sich lautlos auf ihn zu bewegte. Die Person nahm ein Kissen und preßte es mit aller Kraft auf sein Gesicht. Er spürte nur, wie er keine Luft mehr bekam. Er wollte den Mund öffnen, um zu schreien. Aber nur ein zischender Laut kam aus seiner Luftröhre.
Es war das letzte, was er bewußt erlebte…

Das Ende von Papst Johannes X. (914–928) war der grausame Höhepunkt einer Epoche, die der berühmte Historiker und Kardinal Cesare Baronio im 17. Jahrhundert als Pornokratie (Weiberherrschaft) und als »saeculum obscurum«, das finstere Jahrhundert, bezeichnet hat.
Johannes starb durch die Hand einer Frau, der ehrgeizigen Marozia. Sie erstickte ihn mit einem Polster, um ihren Sohn Johannes XI. (931–935) auf den Papstthron zu setzen.
Schon ihre Mutter, die mächtige Theodora, herrschte in Rom mit List, Gewalt und Mord. Sie bestimmte, wer zum Stellvertreter Gottes gewählt werden sollte.
Wie kam es zu dieser Situation, in der die Frauen die Macht in Rom an sich rissen und die Politik des Vatikans bestimmten?
Noch im 8. Jahrhundert konnten die Päpste sich in Rom halbwegs sicher fühlen. Zu verdanken hatten sie das dem mächtigen Frankenkönig Karl, dem späteren Karl dem Großen. Denn dieser große Kaiser war es, der ihnen immer wieder mit seinen Heeren zur Seite stand, wenn sie in Rom von anderen Herrschern angegriffen wurden.
Karl ist es auch zu verdanken, daß die Geschichtsschreibung wenigstens in groben Zügen über die Ereignisse im Vatikan unterrichtet ist. Denn viele der Dokumente im päpstlichen Palast wurden in Kriegen zerstört, so bei den späteren Einfällen der Normannen und Sarazenen.
Andere Unterlagen und Berichte wurden von den Machthabern im Vatikan aus Furcht versteckt oder eingemauert. Die Päpste hatten Angst, die Dokumente könnten von Feinden entdeckt und verbrannt werden. Oft starben die Geheimnisträger unerwartet oder wurden ermordet und nahmen ihr Wissen für immer mit in den Tod.
Karl der Große, der einen ausgeprägten Geschichtssinn besaß, ließ den sogenannten Codex Carolinus anlegen. Alle Dokumente, die aus Rom kamen, wurden abgeschrieben.

Diese wichtigen Protokolle bestimmen wesentlich das Bild der frühen Papstgeschichte.
Aber mit der Herrschaft Karls des Großen endete die glorreiche Epoche der Männer auf dem Heiligen Stuhl. Denn ohne die kraftvolle Unterstützung des Kaisers waren die Päpste der Willkür der römischen Familien ausgesetzt, die um die Macht in der Stadt am Tiber kämpften.
Neben dem alten Geschlecht der Crescentier waren es vor allem die Grafen von Tusculum, die im Kampf um die Vorherrschaft in Rom tonangebend waren. Sie stammten aus der Ortschaft Tusculum, die sich über dem berühmten römischen Weinbaugebiet Frascati befand.
Hier hatten auch die römischen Kaiser ihre Villen errichten lassen. Im 10. Jahrhundert war das Kastell der Grafen eine uneinnehmbare Festung. Aus diesem starken römischen Geschlecht sind gleich vier Päpste hervorgegangen.
Die wahre Macht über die Grafen und die Päpste hatten jedoch die Frauen. Bischof Luitprand von Cremona, Biograph und Botschafter Otto des Großen, hat die Geschichte dieser Weiberherrschaft aufgezeichnet. Er lebte etwa fünfzig Jahre nach dieser Zeit und war sehr gut über das »Weiberregiment« in Rom unterrichtet.
Der erste Papst aus dem Geschlecht der Grafen von Tusculum war Sergius III. (904–911). Er ließ die Basilika S. Giovanni im Lateran neu errichten, die von einem Erdbeben zerstört worden war.
Ihm hatte Theodora (die Ältere) zur Macht verholfen. Sie war die Gemahlin des »Konsuls und Senators der Römer«, Theophylactus.
Luitprand beschreibt die »Papstmacherin« ausführlich: »Mit männlichem, aber arglistigem Geiste leitete sie die Geschicke der Stadt; was Kaiser und Papst nicht vermochten, vermochte der vielgewandte Sinn der Buhlerin.« Von ihrem Stützpunkt der Engelsburg aus beherrschte sie die Stadt.

Theodora hatte zwei Töchter, Marozia und Theodora (die Jüngere). Wie Bischof Luitprand berichtet, hat Marozia mit Papst Sergius III. drei Ehemänner betrogen, denn die schöne Römerin war dreimal verheiratet: Zunächst mit dem Markgrafen Alberich I. von Spoleto, später mit Wido von Tuszien und zu guter Letzt mit Widos Halbbruder, Hugo von der Provence und König von Italien.
Marozia besaß wie ihre Mutter Theodora einen ausgeprägten Willen zur Macht. Aber ihre Pläne, den eigenen Sohn zum Papst zu machen, waren zunächst gescheitert.
Es vergingen drei Jahre, in denen – nach dem Mord an Johannes X. – zunächst zwei andere Päpste regierten: Leo VI. (928) und Stephan VII. (928–931). Erst nach diesem Intermezzo war die Macht der Marozia soweit gefestigt, daß sie die Wahl ihres eigenen Sohnes durchsetzen konnte.
Später ließ sie ihn in der Engelsburg einkerkern und in Dauerhaft halten. Den Römern wurde die Diktatorin schließlich zu mächtig. Sie wollten sich nicht länger von ihr und ihrem Mann Hugo von der Provence knebeln lassen. Daher riefen sie Alberich II. zu Hilfe, den Sohn Marozias aus erster Ehe.
Er überfiel seine eigene Mutter in der Engelsburg und warf sie wie auch seinen Halbbruder Johannes XI. in den Kerker. Alberich II. übte nun seinerseits die politische Macht in Rom aus. Das weitere Schicksal der Marozia verliert sich im Dunkel der Geschichte. Vermutlich ist sie in einem Verlies der Engelsburg geendet, wie auch ihr Sohn Johannes XI.
Doch damit war das »saeculum obscurum« noch lange nicht zu Ende. Der neue Herrscher Roms setzte in der Folgezeit vier Päpste nach Gutdünken ein, doch sie waren nichts anderes als seine Marionetten.
Der fünfte, Johannes XII. (955–964), erlangte traurige Berühmtheit. Denn er war alles andere als ein Heiliger.
Der Apostolische Stuhl war ihm von seinem Vater, Albe-

rich II., testamentarisch vermacht worden. Mit achtzehn Jahren war Johannes bereits Papst.

Für die Historiker ist er eine der »erbärmlichsten und niederträchtigsten Figuren« der Kirchengeschichte. Er war nicht nur ungebildet – er sprach nur Vulgärsprache –, sondern soll auch Sodomie betrieben und Diakone im Pferdestall geweiht haben.

Alte Chroniken berichten, daß der Lateran in dieser Zeit ein Treffpunkt der vergnügungssüchtigen römischen Jugend war, die dort ausgelassene Fest feierte.

Die Allianz mit dem deutschen Kaiser Otto I. leitete den Untergang dieses Papstes ein. Zwar krönte Johannes XII. den Herrscher in Rom zum Weltkaiser und erhielt dafür die weltliche Jurisdiktion, die Rechtsgewalt über drei Viertel Italiens, aber schließlich kam es doch zum Machtkampf zwischen den beiden Herrschern.

Johannes mußte aus Rom fliehen, Otto erklärte ihn für abgesetzt. Der Papst revanchierte sich, indem er den Kaiser aus der Kirche ausschloß.

Entmachtet starb Johannes. Die Legende berichtet, er sei bei einem Liebesabenteuer mit einer verheirateten Frau von deren Ehemann erwischt und dermaßen verprügelt worden, daß er an den Folgen der Verletzungen gestorben sei.

Aber auch nach dem Jahrhundert der römischen Pornokratie gab es Frauen, die die Politik direkt oder indirekt vom Stuhl Petri aus beeinflußten. Es gab Päpste, die ihrer Liebe zu einer Frau selbst zum Opfer fielen, wie Hildebrand von Sovana, der als Gregor VII. (1073–1085) den Stuhl Petri bestieg.

Der berühmte Kirchenlehrer Petrus Damiani kannte diesen Pontifex sehr gut. Er prangerte die »Vergottungsmanie« des Papstes an und bezeichnete ihn als »Heiligen Satan«.

Dabei zeigte Gregor VII. durchaus menschliche Züge. Denn er verehrte die Gräfin Mathilde von Toscana, die über ein

Drittel Italiens regierte. Und er schickte ihr heiße Liebesbriefe:

> »Ich schreibe Ihnen mit eigener Hand und nicht durch irgendeinen Sekretär, denn ich weiß, wenn Sie mich so lieben wie ich Sie liebe, werden Sie mir keinen anderen Sterblichen vorziehen.«

Die Romanze mit der mächtigen Gräfin sollte dem Papst aber kein Glück bringen. Sein Widersacher, Kaiser Heinrich IV., nutzte den Einfluß der Frauen am päpstlichen Hof aus, um gegen den Pontifex zu Felde zu ziehen.

Damit begann die Epoche eines von beiden Seiten mit gleicher Erbitterung geführten, zeitweise schier apokalyptischen Kampfes zwischen Papsttum und Kaisertum. Das Kernproblem war die Investitur, die Vergabe von Kirchenämtern.

Der Papst sprach dem weltlichen Herrscher dieses Recht ab. Daraufhin setzte Heinrich den Pontifex kurzerhand ab, während dieser den ersten Bann über einen deutschen Kaiser aussprach. Höhepunkt des kirchlichen und politischen Machtgerangels: der berühmte Bittgang Heinrichs nach Canossa.

In der oberitalienischen Felsenburg erreichte der Monarch nach dreitägiger Buße vom Papst die Lösung vom Bann. Doch der Gang nach Canossa brachte keinen dauerhaften Frieden.

Weil der Kaiser die Investitur weiterhin ausüben wollte, sprach der Papst den zweiten Bann gegen Heinrich aus. Jetzt folgte kein Bußgang mehr: Heinrich IV. zog mit seinen Truppen nach Rom, ein Gegenpapst wurde eingesetzt, und der in der Engelsburg eingeschlossene Gregor VII. mußte ohnmächtig der Kaiserkrönung zusehen.

In seiner Not rief er die Normannen zu Hilfe, die mit ihren

sarazenischen Verbündeten anrückten und ihn und Rom »befreiten«.
Sie hielten sarazenische Gottesdienste im Petersdom ab und brandschatzten die Stadt. Der Papst wurde mit Scharen versklavter Römer in die Verbannung geschickt und starb in Salerno.
Frauen haben nicht nur das Schicksal der Stellvertreter Christi beeinflußt, es soll sogar eine gegeben haben, die selbst zum Oberhaupt der Kurie gewählt wurde: die Päpstin Johanna.
Nach der Legende war sie britischer Abstammung, aber in Deutschland geboren. Sie studierte in Mainz, und weiter wird berichtet: »Von einem jungen Scholasten [Schüler] geliebt, verhüllte sie ihr Geschlecht in die Mönchskutte, welche sie zu Fulda nahm, wo ihr Freund Benediktiner war.«
Ihr Weg führte sie zunächst nach Athen, wo ihr Freund verstarb. Dann kam sie nach Rom. Die Kardinäle erkannten nicht, daß sich unter der Mönchskutte eine Frau verbarg. Sie sahen nur ein »Urbild theologischer Vollkommenheit« und wählten Johanna zum Papst.
Nach der Sage führte die Päpstin ein ausschweifendes Liebesleben im Vatikan. Sie hatte nicht nur ein Verhältnis mit ihrem Kammerdiener, sondern traf sich auch heimlich mit anderen Liebhabern.
Die Amouren blieben nicht ohne Folgen. Johanna wurde schwanger, konnte aber zunächst das Geheimnis unter dem Papstgewand kaschieren. Später kam es dann doch zum Unvermeidlichen: Während einer Prozession durch Rom zum Lateran setzten zwischen Kolosseum und S. Clemente die Wehen ein, und sie gebar einen Sohn. Von den aufgebrachten Römern wurde sie auf der gleichen Stelle gesteinigt.
An diesem Ort befand sich später die Statue einer Frau mit einem Kind, die Statue der »Papessa«, wie sie der römische

Volksmund nannte. Noch Innozenz VIII. (1484–1492) konnte an diesem Platz keine Prozessionen abhalten, weil sich die Römer weigerten, an ihnen teilzunehmen.

Aber nicht nur das Volk nahm die Geschichte der Päpstin Johanna für bare Münze. Auch die Kirchenhierarchie sprach der Legende einen hohen Wahrheitsgehalt zu. Denn im Dom zum Siena wurde die »Papessa« um 1400 wie selbstverständlich in die Reihe der Päpste aufgenommen. Dort stand ihre Büste noch über zweihundert Jahre als »Johanna, ein Weib aus England«, und erst unter Klemens VIII. (1592–1605) wurde die Büste entfernt.

Die Angst vor einer Frau auf dem Stuhl Petri blieb. Damit sich eine derartige Verwechslung nicht wiederholen kann, muß sich angeblich jeder neugewählte Papst vor der Krönungszeremonie einer speziellen Prozedur unterziehen: Er nimmt auf einem durchlöcherten Stuhl, dem *Sedia stereoraria,* Platz, und der älteste Kardinal nimmt dann seine Männlichkeit in Augenschein, bevor er zum neuen Nachfolger Petri erklärt wird.

Bis ins 19. Jahrhundert jedenfalls glaubte man, daß diese Untersuchung bei jeder Papstwahl durchgeführt werde, obwohl es von den Kardinälen selbst nie bestätigt wurde.

Es blieb bis heute ein Geheimnis, denn bei der Papstwahl sind die Kardinäle im Konklave unter sich. Die Öffentlichkeit ist ausgeschlossen.

IV.
Das Dolce vita der Stellvertreter Gottes
Luxus, Prunk und rauschende Feste

Das Haus des Gesandten von Venedig lag, nicht weit von der Engelsburg entfernt, direkt am Ufer des Tiber. Pietro schwang sich aus dem Sattel seines Pferdes und klopfte mit dem schweren Eisenring, der sich an der Pforte befand, gegen den Metallbügel an der Zarge.
Nach einer Weile wurde die Tür geöffnet, und ein Diener führte den Gast in den Salon des Hauses.
Botschafter Sièr Antonio saß an seinem Schreibtisch und blickte von einem Brief auf, der vor ihm lag und das Siegel des Dogen aus Venedig trug.
»Auf euch Künstlervolk ist kein Verlaß«, sagte er und musterte seinen Gast interessiert.
Pietro war einer jener jungen Dichter und Poeten, die immer wußten, wo im sündigen Rom etwas zu erleben war. Ihm standen alle Türen der Gesellschaft offen. Er war ein gefragter Unterhalter, und überall freute man sich, wenn er zur Laute ein kleines Lied improvisierte.
Das Besondere daran waren seine Texte. Sie zeichneten sich durch eine gewisse Respektlosigkeit aus, vor der keiner sicher war, weder Fürsten, Kardinäle noch Päpste. Pietro nahm sie alle aufs Korn.
Amüsiert blickte er den Gesandten an.
»Entschuldigt die kleine Verspätung, aber Ihr habt bisher nichts versäumt. Das Fest beim Kardinal hat gerade erst begonnen. Meistens wird zuerst eine langweilige Komödie aufgeführt. Das ist doch nur etwas für die Laienprediger des Papstes. Diese Aufführung können wir uns sparen. So richtig los geht es erst nach Mitternacht. Dann läßt der Kardinal seinen Leidenschaften freien Lauf.«
»Und die wären?«
»Wein, Weiber und Würfelspiel.«
Der Gesandte lächelte.
»Pietro, du bist der größte Filou, den ich kenne.«
Der Dichter grinste.

»Nur, wenn Ihr den Heiligen Vater und den Kardinal nicht mitzählt. Ich garantiere Euch, daß Ihr heute abend genügend Stoff für einen interessanten Bericht nach Venedig finden werdet.«
Antonio nickte.
»Das wäre vortrefflich. Venedig wartet seit Tagen auf einen Rapport von mir. Unser Verhältnis mit Mailand ist wieder einmal angespannt, und deshalb will der Doge wissen, in welche Richtung die päpstliche Fahne weht. Natürlich interessieren uns auch die Geschäfte und die Vetternwirtschaft des Heiligen Vaters.«
Pietro lächelte.
»Vermutlich dürfte die hohen Herren in Venedig auch interessieren, welche der reizvollen Kurtisanen im Augenblick das Regiment im Vatikan führt.«
Antonio schmunzelte. Dann erhob er sich.
»Genug der Spekulationen, mein Freund. Ich glaube, wir sollen uns jetzt auf den Weg machen.«
Er nahm Pietro am Arm. Sie gingen durch den großzügigen, mit Säulen flankierten Saal zur Vorhalle. Als sie die Villa verließen, fiel ihr Blick auf die Ewige Stadt. Die Dächer strahlten noch die Wärme des Septembertages aus, obwohl im Osten bereits der Mond über den bizarren Konturen der antiken Denkmäler aufging. Schimmernde Zeugen einer längst vergangenen Zeit des Glanzes und des Ruhms.
»Auf zu den schönsten Frauen Roms!« rief Pietro und schwang sich in den Sattel seines Pferdes.
Kurze Zeit später waren sie auf dem Weg ins Nobelviertel, dem Stadtteil, wo die Reichen unter sich waren. Nach einiger Zeit leuchtete vor ihnen der Palast des Kardinals auf. Sie ritten zu den Stallungen und übergaben die Pferde den Knechten. Dann betraten sie den Innenhof.
Durch die Arkaden aus dorischen Säulen drang ein Schwall von Musik. Das flackernde Licht der Fackeln überzog das

massive Gebälk mit einem Goldton. In den Nischen standen Liebespaare. Viele eng umschlungen, anderen kokettierten und warfen sich Komplimente zu.
Die beiden Männer durchquerten die zweigeschossige Vorhalle, deren Wände mit Spiegeln verkleidet waren. Antonio blieb kurz stehen und betrachtete sich prüfend.
Die enganliegende Hose war zweifarbig und betonte seine männlichen Oberschenkel. Das pelzbesetzte Wams ließ seine Schultern breiter erscheinen, die weichen Krakauer waren vom besten venezianischen Schuhmacher gefertigt. Um den Hals trug der Gesandte eine schwere Goldkette mit einer Medaille der Lagunenstadt.
Er strich sich kurz mit der Hand durch seinen Bart und rückte dann den kleinen Hut mit der Feder zurecht.
Pietro konnte sich ein Schmunzeln nicht verkneifen.
»Was habt Ihr vor? Wollt Ihr etwa heute nacht die Geliebte des Papstes verführen? Um Gottes willen, seid nur vorsichtig! Seine Heiligkeit versteht da keinen Spaß. Er wird zum tollwütigen Hund, wenn man ihm seinen Knochen wegnimmt.«
Beide lachten. Dann gingen sie in den hellerleuchteten Garten. Vor einer gewaltigen Theaterkulisse, die eigens für das Fest aufgebaut worden war, standen die mächtigsten Männer des Vatikans: Der Papst und sein Kardinal. Sie wirkten wie zwei antike Fürsten, dicht umdrängt von der Crème der römischen Gesellschaft – den Adeligen, Malern, Dichtern, Baumeistern und Kurtisanen.
Der Gesandte und Pietro traten auf den Gastgeber zu und verneigten sich tief.
»Wir dachten schon, Ihr würdet den Weg nicht finden«, sagte der Kardinal.
»Exzellenz, ich bitte die kleine Verspätung zu entschuldigen«, entgegnete Antonio. »Aber ich wurde durch wichtige Geschäfte aufgehalten.«

Der Papst musterte ihn interessiert.
»Ihr Venezianer seid doch alle gleich, nur Geschäfte im Kopf.«
In diesem Augenblick geriet die Festgesellschaft in Bewegung. Angetrieben vom »avanti, avanti« des Küchenchefs schleppten mehrere Bedienstete schwere Silberplatten zu der kleinen Loggia, die sich zum Garten hin befand.
»Die Tafel ist eröffnet!« rief der Kardinal.
Dann schritt er gemeinsam mit dem Papst an das lange Büfett. Dort hatten die Diener inzwischen dreißig Platten des Feinsten vom Feinen aufgebaut: Wildbret, Fisch, Pasteten und edle Gebäcke. Köstliche Früchte waren so arrangiert, wie sie die Maler in ihren Stilleben darstellten. Die Tafel streckte sich über eine Länge von gut fünfzig Schritt. In der Vorhalle lagerten, um die richtige Temperatur zu behalten, Fässer mit Wein. Die Trinkbecher standen zu Dutzenden in den Regalen.
Der Küchenchef verneigte sich bis zum Boden vor dem Heiligen Vater und küßte seine Füße.
»Was kannst du uns empfehlen?« fragte der Papst.
Der Koch deutete auf eine silberne Schale mit Geflügelleberpastete.
»Vorkosten!« befahl der Kardinal.
Der Bedienstete tat wie ihm geheißen. Dann erst ließ der Kardinal dem Papst einen Teller und einen Becher Wein reichen.
Seine Heiligkeit warf dem Gastgeber einen amüsierten Blick zu.
»Man hat mir berichtet, auch Ihr hättet einen dieser neumodischen Weinkrüge aus dem Norden. Einen von der Sorte, die auf der einen Seite den Papst, auf der anderen den Teufel zeigen. Ich hoffe, daß Euch Beelzebub nie in den Kopf steigt.«
»Ihr könnt jeden Weinkrug kontrollieren«, entrüstete sich der Kardinal, dessen Haltung ganz steif wurde, »solch Teu-

felswerk werdet Ihr nirgendwo in meinem Haus finden.«
Ein belustigtes Lächeln verzog die Lippen des Papstes, und der Kardinal wirkte einen kurzen Augenblick lang unsicher. Dann wandte er sich der kleinen Gruppe von Lauten-, Violinen- und Flötenspielern zu, die auf einem Podest Platz genommen hatten.
»Musiker, spielt auf!«
Antonio und Pietro hatten die Szene schweigend verfolgt.
»Ich muß schon sagen, der gute Kardinal gibt sich alle Mühe, um den Papst bei Laune zu halten«, flüsterte Pietro.
Antonio nickte.
»Aber Seine Heiligkeit hat eine spitze Zunge.«
Die Musiker spielten jetzt eine Galliarde, einen Tanz, bei dem sich die Partner kaum berühren. Die Männer imponierten den Damen mit gekonnten Sprüngen, die sie von ihren Tanzlehrern und Impresarios aus Mailand gelernt hatten.
Antonio zwinkerte dem Dichter zu.
»Mein Freund, was hältst du von diesem Tanz?«
Pietro winkte ab.
»Diese langweilige Galliarde ist nichts für mich. Ich warte lieber auf eine zünftige Lavolta, bei der ich mir eine Schöne aufs Knie nehmen kann.«
Antonio, der im Gegensatz zu seinem jungen Begleiter mehr von Diplomatie als vom Tanz verstand, zog ihn von der Tafel fort, und sie setzten sich in eine Nische, von der aus sie die Gesellschaft beobachten konnten.
Immer mehr Gäste verschwanden im Garten zwischen den Hecken und zahlreichen antiken Skulpturen. Schließlich sahen die beiden Beobachter auch, wie der Papst in Begleitung einer unbekannten Schönen das Fest verließ. Die Musiker hörten auf zu spielen und packten ihre Instrumente ein.
In diesem Augenblick trat der Kardinal auf sie zu.
»Ein paar meiner Freunde haben sich in mein studiòlo *zu-*

rückgezogen, um ein Spiel zu wagen. Ihr seid herzlich willkommen.«
Sièr Antonio verneigte sich leicht vor dem Geistlichen.
»Mit dem größten Vergnügen, Exzellenz.«
Sie folgten dem Gastgeber in den Spielsalon. Der Raum war exklusiv eingerichtet und mit feinsten Holzpaneelen ausgeschlagen. Die Wandfelder waren mit Intarsien geschmückt, die mythische Szenen voller Erotik zeigten. Davor drängte sich eine illustre Gesellschaft. Das Spiel war schon seit einiger Zeit im Gange.
Einer der reichsten Männer Roms saß an einem Tisch und blickte den Kardinal erwartungsvoll an. Der Bankier war als leidenschaftlicher Spieler bekannt. Außerdem hatte er den Ruf, ein Mann zu sein, der mit Millionenkrediten den Haushalt des Vatikans finanzierte, und von seiner Zinspolitik hing nicht nur das Schicksal des Papstes ab.
Der Kardinal trat auf den Bankier zu. »Das letzte Mal hattet ihr eine wahre Glückssträhne. Ich forderte Revanche.«
Plötzlich verstummten die Gespräche. Alle blickten auf den Bankier, dessen Augen den Kardinal fixierten.
»Ihr sollt Eure Revanche bekommen. Ein Spiel um alles oder nichts. Wenn Ihr gewinnt, erlasse ich Euch Eure Schulden. Seid ihr einverstanden?«
»Einverstanden«, bestätigte der Kardinal, »alles oder nichts.«
Dann setzte er sich an den blankpolierten Spieltisch mit den Kirschholz-Intarsien.
»Fangt an!«
Der Bankier nahm den Würfelbecher. Atemlose Spannung breitete sich aus. Nur das Geräusch der auf den Tisch geworfenen Würfel war zu hören. Als sie still lagen, blickte der Bankier den Kardinal triumphierend an.
»Exzellenz, Ihr solltet zu Fortuna beten, damit sie Euch beisteht.«
Ruckartig riß der Kardinal den Lederbecher hoch. Wieder

rollten die Würfel über den Tisch. Ein Aufschrei folgte. Alle Augen richteten sich auf den Spieler. Sein Gesicht war plötzlich blutleer.
»Jetzt hilft ihm auch kein Beten mehr«, flüsterte Antonio und zog seinen jungen Freund unauffällig aus dem Salon.

*

Es war keine Seltenheit, daß die Kirchenfürsten in Rom in einer einzigen Nacht ihr ganzes Vermögen aufs Spiel setzten. Ihre Leidenschaft verschlang ganze Bistümer, Herzogtümer gerieten unter den Hammer. Die teuer errungenen Pfründe aus der Papstwahl wechselten von einer Sekunde zur anderen den Besitzer, wenn den jungen Kardinälen an den römischen Spieltischen kein Stoßgebet mehr half.
Berühmtestes Beispiel eines Kardinals, der dem Spielteufel verfallen war: Pietro Riario. Allerdings hatte der junge Kirchendiener teuflisches Glück beim Spiel um hohe Wetteinsätze. So gewann er in einer einzigen Nacht soviel, daß er von dem Erlös den gewaltigen Palazzo Riario, die heutige Cancelleria, erbauen lassen konnte.
Die schnell verdienten Dukaten wurden allerdings ebenso bedenkenlos wieder mit vollen Händen ausgegeben: Kardinal Pietro, ein ungebildeter Franziskaner, brachte mit seiner Geliebten Teresa innerhalb eines Jahres ein Vermögen von fast zweieinhalb Millionen Goldfranken durch. Sogar ihre Pantoffeln ließ er mit Perlen besticken. Wahrscheinlich war sie eine einfache Prostituierte, ehe sie zur Kardinals-Mätresse aufstieg.
Ein weiteres Beispiel für seine Verschwendungssucht: Als Leonora d'Aragona, die uneheliche Tochter des Königs Ferrante von Neapel, nach Rom kam, ließ Pietro eigens ein palastartiges Haus aus Holz bauen, um sie zu empfangen. Dort bot er ihr eine Theateraufführung und ein Bankett, bei dem ganze Wildschweine, Schwäne, Pfauen und sogar ein

Bär aufgetischt wurden. Es gab Burgen aus Konfekt und einen künstlichen Berg, aus dem ein Mann heraustrat, um Verse zu zitieren.

Kein Wunder, daß der Lieblingsneffe von Sixtus IV. schon in jungen Jahren an den Folgen des süßen Lebens starb. Sein Bruder, der ehemalige Gewürzkrämer Girolamo, trat sein Erbe an. Die Historiker vermuten, daß beide Söhne des Papstes waren.

Der Heilige Vater beschäftigte sich derweil mit zweifelhaften Geldgeschäften. So förderte er die Einrichtung der römischen Bordelle und kassierte von ihnen Jahrestaxen in Höhe von achtzigtausend Golddukaten. Hatten sich die Kardinäle und auch andere Familienangehörige durch Spiel und Luxus hoch verschuldet, so kam es häufig vor, daß der Papst ihnen finanziell unter die Arme griff, was sie ihrerseits in noch größere Abhängigkeit brachte.

Schon Pius II. versuchte, seine Seelsorger immer wieder durch Geldgeschenke in die eigene Politik einzubinden. Seinem Günstling Kardinal Ammannati ließ er sogar einen Palast in Pienza errichten.

Großzügige Treppen verbanden in diesen Renaissance-Schlössern die Innenhöfe mit den Räumen, Statuen schmückten die Säulengänge, die zu den Lauben führten, kleine Teiche und Springbrunnen fügten sich harmonisch ein. In den sich anschließenden Gartenanlagen flirteten die Fürsten mit ihren Damen während der abendlichen Feste.

Aber die Pracht und der Luxus dieser Zeit dienten nicht nur dem Vergnügen, es ging natürlich auch um die Selbstdarstellung gegenüber dem einfachen Volk. Die Herren im Vatikan demonstrierten täglich, wie reich und mächtig sie waren.

Die Prunksucht kannte keine Grenzen. Vor allem dann nicht, wenn ein Papst-Kandidat nach erfolgreicher Wahl sein neues Amt antrat. So ließ sich Bonifatius VIII. (1294–

1303) zum Beispiel bei einem Straßenfest feiern. Auf einem weißen Streitroß ritt er inmitten seines gesamten Gefolges durch Rom. Fürstlich ging es auch beim anschließenden Festschmaus zu. Nie zuvor waren im Vatikan solche Mengen an Fisch, Fleisch und Wein aufgetischt worden. Getrunken wurde aus den geweihten, juwelenbesetzten Abendmahlskelchen, die so eindeutig zweckentfremdet wurden. Die Chronisten schrieben: »Es ist besser, wenn wir dieses Fest, das im privaten Rahmen stattfand, geheimhalten.«
Weniger öffentlichkeitsscheu war der Medici-Papst Leo X. (1513–1521). Sein Einzug in die Ewige Stadt am 11. März 1513 glich einem Triumphzug. Auf den Straßen, die der neue Papst nahm, wurden in bestimmten Abständen Altäre errichtet, die auf der Via Alessandrina in weltliche Triumphbögen übergingen.
Hatte sich die römische Kirche für das Kreuz entschieden, so hielt der Medici diesem Zeichen das eigene Symbol der Macht entgegen. Überall wurde das Familienwappen angebracht, um zu demonstrieren, wer der neue Herr im Hause war und welche Interessen im Vordergrund standen: Die Geldpolitik der Bankiersfamilie.
Mit barer Münze versuchte er auch das Volk zu ködern. Als er mit seinem Hofstaat zum Petersplatz ritt, ließ er von seinem *Camerlengo* aus zwei schweren Geldbörsen Goldstücke, die sein Bildnis trugen, unter die Menge verteilen.
Die Engelsbrücke wurde mit seidenen Teppichen ausgelegt. Doch damit nicht genug: Leo X. ließ von Raffael zehn Kartons als Muster für Teppiche anfertigen, die er ihm mit hundert Golddukaten pro Entwurf entlohnte. Im 19. Jahrhundert wurden diese Kunstwerke dann auf den Pariser Flohmärkten feilgeboten.
Leo X. verpraßte während seines Pontifikats den von seinem Vorgänger, Papst Julius II., angehäuften Reichtum und hinterließ bei seinem Tod leere Kassen: viereinhalb Millio-

nen Golddukaten, eine gigantische Summe, waren durch seine Hände gegangen.

Diesem Papst ging es offenbar nie ernsthaft um Religion und Kirche. Wie er sein Amt sah, hat er selbst treffend charakterisiert: »Wieviel die Fabel von Christus Uns und den Unserigen genutzt hat, ist bekannt.«

Einer, der dem Medici in nichts nachstand, war Alexander VI. (1492–1503). Der Borgia-Papst machte seinem Ruf auch bei öffentlichen Auftritten alle Ehre.

Als seine Tochter Lucrezia Hochzeit feierte, ließ er auf dem Petersplatz ein besonderes Spiel aufführen, das nicht nur zur Belustigung der hohen Würdenträger, sondern auch des einfachen Volkes dienen sollte.

Nach einem Wettrennen wurde ein Kampf um ein Schiff ausgetragen, der an die Tradition der römischen Gladiatorengefechte erinnerte, denn die acht Verteidiger und acht Angreifer waren mit scharfen Klingen bewaffnet. Das makabre Hochzeitsspiel forderte seinen Tribut: Am Ende lagen fünf Verletzte in der Arena.

Zu Alexanders Zeit hatte die Renaissance die Grenze zur Dekadenz schon fast überschritten. Die Anfänge ihrer Kultur standen nicht länger im Vordergrund, sondern schienen schon Vergangenheit zu sein.

Auch der erste Renaissance-Papst, Nikolaus V. (1447–1455), war verschwenderisch, allerdings in einem anderen Sinne. Er wollte eine Welt der feinsinnigen Kultur und des neuen Geistes schaffen. Er galt als der »freigebigste Mann des freigebigsten Jahrhunderts«.

Sein Goldregen, so berichten Zeitgenossen, habe sich über die Künstler und Gelehrten ergossen. Der findige Bauunternehmer Beltramo di Martini erhielt in manchen Jahren dreißigtausend Golddukaten für den Bau von St. Peter und die Instandsetzung der Stadtmauern.

Nikolaus verwandelte Rom in einen Musentempel. Er ließ

den Schutt vergangener Epochen beseitigen, erneuerte die Wasserleitungen und sorgte dafür, daß zerstörte Stadtteile wieder bewohnbar wurden.

Seinen Kardinälen hinterließ er ein Konzept für die Erneuerung des Kirchenstaates und für den Ausbau der päpstlichen Macht in Rom. Auf dem Totenbett sagte er zu ihnen: Wenn das Ansehen des Heiligen Stuhls in majestätischen Gebäuden sichtbar gemacht würde ... würde ihn die ganze Welt anerkennen und verehren. Edle Gebäude, die Geschmack und Schönheit mit eindrucksvollen Proportionen vereinigten, würden beträchtlich zur Erhöhung des Stuhls von St. Peter beitragen.

Diesen Rat haben die meisten seiner Nachfolger nur selten beherzigt. Für sie standen ihre persönlichen Geschäfte und Interessen, Lüste und Leidenschaften im Vordergrund.

So wie Leo X. sich einen Privatzoo exotischer Tiere im Vatikan hielt, hatten spätere Päpste ihre Freude an skurrilen Späßen.

Ein Bericht aus dem Geheimarchiv des Vatikans erwähnt beispielsweise den Besuch einer Delegation aus Moskau, die im Jahre 1659 in Begleitung eines Priesters durch Italien reiste. Der fromme Gottesmann trug auf dem Rücken einen kleinen Tabernakel mit brennenden Kerzen und einer Statue des hl. Michael, dem Schutzheiligen der Moskowiter.

Der römische Klerus amüsierte sich königlich darüber, denn die Begleiter des Geistlichen beteten für alles, was sie zum Leben brauchten. Wurde ihr Gebet nicht erhört, schlugen sie einfach auf den Heiligen ein.

V.
Die Hexenjäger von Rom
Prozesse und Justizmorde der Inquisition

Der Inquisitor betrat als erster den Verhandlungsraum. Die Holzdielen knarrten unter seinen Schritten. Dann folgten zwei päpstliche Legaten und ein Dominikaner, der die Aufgabe des Protokollbeamten wahrnahm.
Einen Augenblick verharrte der Inquisitor hinter dem großen Eichentisch und ließ seinen Blick über die Zuschauer im Saal gleiten. Er war ein hagerer Mann mit eisgrauen Augen. Das dumpfe, leise Geraune der Zuschauer verstummte, und schmerzende Stille trat ein. Die Menschen in dem Saal starrten den Inquisitor gebannt an. Sie kannten seine Gerissenheit und seine Macht.
Dieser Untersuchungsrichter des Papstes besaß Sonderrechte und die Mittel, um jeden Angeklagten zu einem willenlosen Objekt zu machen. Seine furchtbarsten Waffen waren die Folter und das Kreuzverhör.
Schweigend nahm der kirchliche Gesetzeshüter Platz. Er senkte den Blick und begann in den verschiedenen Protokollen zu blättern, die vor ihm auf dem Tisch lagen. Lautlos verstrichen die Skunden.
Dann hob er den Kopf, und seine Augen blitzten vielsagend die Wachen an.
»Führt die Angeklagte herein!«
Das lastende Schweigen löste sich auf, und ein Raunen und Zischeln wogte durch den Saal. Eine junge blonde Frau wurde hereingeführt. Sie war mit schweren Eisenketten gefesselt, und die Wachen zerrten sie wie eine Äffin an einem Strick hinter sich her.
Der päpstliche Zensor fixierte die Angeklagte.
»Fürchte dich nicht«, sagte er mit einschmeichelnder Stimme. »Wir werden Nachsicht üben, und wir werden mit Wohlwollen über deinen Fall urteilen, wenn du bereit bist, uns dein Herz aufzutun und die Wahrheit zu sagen. Bist du dazu bereit?«
Die Angeklagte nickte gequält.

»Das ist ein guter Vorsatz. Dann laß uns mit der Vernehmung beginnen. Wie alt bist du?«
»Vierundzwanzig Jahre.«
»Dein Beruf?«
»Hebamme.«
»Ist es wahr, daß schon deine Mutter als Hexe verbrannt worden ist?«
»Ja.«
Ein Raunen ging durch den Saal. Der Inquisitor hob die Hand. Augenblicklich trat wieder Stille ein.
»War es deine Mutter, die dich dazu verführt hat, deinen Glauben abzulegen und einen Pakt mit dem Teufel zu schließen?«
Die Angeklagte zuckte zusammen.
»Hoher Herr, ich weiß nicht, wovon Ihr redet.«
»Du behauptest also, nicht zu wissen, wie die Anklage gegen dich lautet?«
Aus der Stimme des Inquisitors klang jetzt gnadenlose Strenge.
»Ich werde dir sagen, welcher Verbrechen du dich schuldig gemacht hast. Wie schon deine Mutter hast du dich an einem geheimen Ort mit dem Teufel getroffen und geschlechtlichen Verkehr mit ihm gehabt. Aus dem Geständnis deiner Mutter wissen wir, daß der Teufel bei diesen Riten sehr reich gekleidet ist und auf einem Thron sitzt. Er hat zwei Hörner auf der Stirn, welche die Wahrheit darstellen sollen. Das ist aber nicht alles. Für den Geschlechtsverkehr benutzt er ein kaltes, frostiges Ding, da je nach der wollüstigen Vorliebe der betreffenden Frauenzimmer mittelgroß oder groß sein kann.«
Die Zuschauer begannen zu tuscheln. Der Inquisitor hob die Hand und wies auf die Angeklagte.
»Diese Frau hat noch mit anderen Lastern und Grausamkeiten den Zorn des Herrn auf sich geladen. Mit Beschwörungen, Zauber und Hexensalbe hat sie Huren und Ehefrauen

dabei geholfen, die Frucht abzutreiben. Sie hat Kinder bei der Geburt umgebracht, noch bevor sie zur heiligen Taufe gekommen sind. Ferner hat sie mit ihrer teuflischen Kunst das geschlechtliche Unvermögen mehrerer Männer verursacht und sie von ihren ehelichen Pflichten abgehalten.«

Die Angeklagte stöhnte auf.

»Herr, meine Seele ist unschuldig.«

Der Richter lachte.

»Seht ihr, so reden alle Hexen, wenn sie gefaßt und vor Gericht gestellt werden. Sie tun so, als hätten sie ein reines Gewissen. Dabei wissen sie nicht, daß eben dies ein deutliches Zeichen ihrer Schuld ist.«

Er legte eine Kunstpause ein, ließ seinen Blick durch den Saal gleiten und fixierte dann wieder die Angeklagte.

»Alle Hexen winden sich im Verhör wie Schlangen, und es ist überaus schwer, sie zu fassen. Sie sind schlau und raffiniert und lassen sich tausend Lügen einfallen, um uns zu täuschen.«

Die Angeklagte starrte den Untersuchungsrichter hilflos an.

»Hoher Herr, nichts liegt mir ferner, als Euch zu belügen. Ich kann nur wiederholen, daß ich eine gute Christin bin, die sich keiner Schuld bewußt ist.«

»Du willst also leugnen, daß du allerhand teuflische Malefizien begangen hast?«

»Ja, Herr.«

»Dann erkläre mir, woran eine gute Christin glaubt.«

»An das, was die Kirche lehrt.«

»Welche Kirche?«

»Die heilige römische Kirche unter der Leitung des gnädigen Papstes.«

Der Inquisitor lächelte.

»Fürwahr eine schlaue und raffinierte Antwort. Wer hat dich gelehrt so zu reden?«

»Niemand.«

Das Lächeln verschwand aus seinem Gesicht, und ein harter Glanz trat in seine Augen.
»Du lügst.«
»Wie könnt Ihr das sagen, Herr?«
»Weil du mit niederträchtiger Sturheit eine Antwort wiederholst, die alle Hexen zu ihrer Verteidigung vorbringen. Eine Antwort, die euch vom Teufel eingeflüstert wird.«
»O nein!« Die Angeklagte hob abwehrend die Hände. »Was soll ich denn sagen, damit Ihr mir glaubt?«
»Beweise uns deine Unschuld.«
»Ich schwöre bei unserem allmächtigen und allwissenden Herrn, daß ich unschuldig bin.«
Der Inquisitor lächelte eisig.
»Was für eine Ruchlosigkeit. Du schwörst sogar, um deine Haut zu retten. Aber wenn du denkst, daß wir auf diese List hereinfallen, hast du dich getäuscht. Der Schwur ist für uns ein weiterer Beweis für deine Schuld.«
Die Angeklagte sah sich verzweifelt in dem Raum um, als könne sie Hilfe von den Zuschauern erhoffen. Aber in deren Gesichtern konnte sie kein Mitgefühl erkennen. Die Menschen schienen die Verhandlung wie ein barbarisches Schauspiel, bei dem sie geopfert werden sollte, zu genießen. Vielen sah sie an, daß sie bereits ihr eigenes Urteil gefällt hatten.
Es lautete: schuldig.
Ihr Blick jagte verzweifelt von einem Richter zum anderen.
»Was muß ich denn tun, damit Ihr mir Glauben schenkt?«
Der Inquisitor schob das Kinn etwas vor.
»Du kannst gar nichts mehr tun. Wir haben deine Täuschungsmanöver durchschaut. Auch deine Zaubersprüche und deine Giftkräuter helfen dir jetzt nicht mehr. Wir wissen alles über dich. Wir kennen deine teuflischen Sünden. Das einzige, was dir bleibt, ist zu gestehen.«
Nach diesen Worten entstand eine kurze Pause, dann hob er die Stimme.

»Also gestehe, damit wir dieses unselige Verfahren abkürzen können.«

Die Angeklagte schluckte.

»Entweder bin ich wahnsinnig, oder Ihr seid es. Ich kann doch nicht etwas gestehen, was Ihr Euch ausgedacht habt!«

Der Inquisitor schloß für einen Augenblick die Augen, so als betrachte er sein verletztes Innere. Dann sagte er mit leiser Stimme.

»Ich greife ungern zu Mitteln, die unsere Kirche stets abgelehnt hat. Ich spreche von der Folter. Wie du weißt, ist es eine beliebte Methode der weltlichen Herrscher, die sie im Namen des Gesetzes manchmal in besonders schwierigen Fällen anwenden. Ich versichere dir, daß ich ein Gegner dieser Prozedur bin. Aber manchmal gibt es Situationen, in denen selbst die Kirche keine andere Wahl hat und selbst dieses weltliche Mittel anwenden muß, um einen Sünder zurück auf den christlichen Weg zu bringen.«

Er beugte sich etwas vor.

»Hast du mich verstanden?«

Die Angeklagte nickte.

»Nein«, sagte er leise. »Ich glaube, du hast die Bedeutung meiner Worte nicht begriffen.«

Er gab den Wachen ein Zeichen.

»Laßt die Folterwerkzeuge herrichten!«

Die Angeklagte fiel in die Knie.

»Bitte, hoher Herr, nicht die Folter.«

Der Inquisitor tat so, als habe er ihre Worte nicht vernommen und gab den Wachen weitere Anweisungen.

»Haltet euch bei der Prozedur an die bekannten Regeln. Geht langsam und stufenweise vor, damit der Angeklagten genügend Zeit bleibt, um über ihre Sünden nachzudenken.«

Die Wachen traten auf die junge Frau zu, um sie abzuführen. Sie hob abwehrend die Hände. Die Männer zögerten einen Augenblick. Da brach sie in irres Lachen aus.

»Habt ihr etwa Angst vor mir?«
Sie krümmte sich wie eine Katze.
»Ja, ich gestehe, daß Luzifer mein Geliebter ist. Ja, ich gestehe, daß ich des Teufels Hafermehl Frauen gegeben habe, um die Empfängnis im Mutterleib zu verhindern. Ja, ich gestehe, daß ich Menschen in Tiere verwandeln und die Feldfrüchte verderben kann.«
Die Zuschauer sprangen erregt von ihren Plätzen auf und verfluchten die Frau, die sich zum Fürsten aller höllischen Heerscharen bekannt hatte.
»Aufhören!« schrien sie. »Verbrennt die Hexe!«
Da erst verstummte die Angeklagte. Sie zitterte jetzt am ganzen Körper, und die Hände in den Ketten öffneten und schlossen sich krampfartig.
Der Inquisitor ordnete schweigend die verschiedenen Protokolle. Dann blickte er in den Saal. Die Anwesenden hatten ihre Plätze wieder eingenommen. Totenstille herrschte.
Alle starrten ihn an. Er thronte jetzt wie ein allmächtiger Herrscher hinter dem schweren Eichentisch. Die Sekunden verstrichen lautlos. Dann verkündete er mit strenger Stimme das Urteil: »Die Angeklagte wird mit Feuer gereinigt.«
Die Wachen packten die junge Frau und führten sie aus dem Saal. Draußen auf dem Platz hatten sich Hunderte von Menschen versammelt.
Ein Gewirr von Lauten, von Lachen und Fluchen, rollte in Wogen über die Menge hinweg, als die Verurteilte in die Mitte des Platzes gezerrt wurde. Dort stand ein Pfahl, um den Holz und Äste angehäuft waren.
Die Wachen fesselten die Verurteilte mit einer Kette auf dem Scheiterhaufen. Die Sonne schien ihr jetzt ins Gesicht, und sie schloß die Augen.
In diesem Augenblick erschienen der Inquisitor und die beiden anderen Richter auf dem Platz. Augenblicklich wurde es still.

Ein Wächter näherte sich mit einer brennenden Fackel. Alle Augen richteten sich auf den Inquisitor und erwarteten das Signal. Er hob die Hand, wobei seine Augen merkwürdig zu leuchten begannen.
Der Wächter stieß die Fackel in das dürre Holz des Scheiterhaufens. Ein Schrei hallte über den Platz und über die Menschen hinweg. Blaugrauer Rauch stieg auf und wallte um den Kopf der blonden Frau. Der Wind blies ihr den Qualm in die Augen und in die Nase. Sie begann zu husten.
Ihre Augen waren jetzt unnatürlich weit aufgerissen, so wie die Augen einer Puppe. An ihrem weißen Hals traten die Adern hervor.
Die ersten Flammen züngelten an ihr hoch, orangefarben und gelb und dünn wie ein Schleier unter dem ruhigen Licht der Sonne.
Dann schrie die Menge auf. Dort, wo die Frau gewesen war, loderte jetzt eine weiße Flamme in den wolkenlosen Himmel.

*

Die große Hexenjagd, die in ganz Europa die Scheiterhaufen lodern ließ, wurde ausgelöst von der Bulle, die Innozenz VIII. (1484–1492) am 5. Dezember 1484 erließ:

> »Es ist Uns in jüngster Zeit zu Ohren gekommen und hat Uns viel Kummer bereitet, daß viele Menschen des einen oder anderen Geschlechts sich mit teuflischen Incubi und Succubi versündigt und, von der Verzauberung entkräftet, Verbrechen und sträfliche Taten begangen haben. Sie haben die Entbindung vieler Frauen, die Fötusse von Tieren, die Früchte der Erde, die Trauben im Weinberg, die Obsthaine, die Weideländer und Männer und Frauen und Stuten zugrunde gehen, ersticken und sterben lassen. Sie haben den Männern, den Frauen, den Stuten, den Schafen und anderen Tieren Ungerechtig-

> keit angetan und sie mit schrecklichen inneren und äußeren Schmerzen gequält. Sie haben Männer am Befruchten und Frauen am Empfangen gehindert, so daß die Männer ihren Frauen die Ehepflicht nicht zu entrichten vermögen und die Ehefrauen nicht ihren Gatten …«

Wer war dieser Papst, der in seinem frommen Eifer das Startsignal zu jahrhundertelangen Hexenmassakern gab?
Innozenz VIII. wurde als Giovanni Battista Cibo 1432 in Genua geboren. Als Kardinal diente er als päpstlicher Gesandter in Deutschland, wo er mit Berichten über die starke Zunahme von ›Hexenzauber‹ konfrontiert wurde.
Am 29. August 1484 wurde er zum Papst geweiht. Mit seiner Geliebten hatte er zwei Kinder. Seinen Sohn verheiratete er mit Magdalena de Medici, der Tochter Lorenzos il Magnifico, seine Tochter mit dem päpstlichen Schatzmeister.
In den letzten Monaten seines Lebens wurde der Papst auf ungewöhnliche Weise ernährt: Man gab ihm die Milch von Ammen. Ein Versuch, ihn durch Bluttransfusionen zu verjüngen, kostete drei (dafür angezapfte) Knaben das Leben.
Wie läßt sich der pathologische Frauenhaß dieses Papstes erklären, der selbst eine Mätresse hatte?
Manche Historiker glauben, der Kirchenvater habe über sein eigenes Treiben vielleicht Schuldgefühle entwickelt und sei daraufhin frommen Eiferern gefolgt, um sich selber zu entlasten. Er habe den Begründern der ›Hexenbulle‹ zum Durchbruch verholfen, um sich vor »seinem Gott wieder in ein besseres Licht« zu setzen.
Andere Wissenschaftler sehen in der verheerenden Haßpsychose dieses Papstes eine Eskalation der Frauenfeindschaft, die schon lange vor seiner Zeit von vielen Theologen gesät wurde und schließlich von der Predigt zum Scheiterhaufen führte.

Bereits in den älteren frauenfeindlichen Schriften galt das »Weib« als »Tod für Körper und Seele«, als »Drache und Teufelsschlinge«, »Lockvogel und Giftspritze«, als »Hure« schlechthin.
Einem italienischen Dominikaner verdankt die Kulturgeschichte das berüchtigte Weiberalphabet. Avidissimum animal, bestiale barathrum, concupiscentia carnis, duellum damnosum und so weiter... Die Frau wird sinngemäß als »räudiges Tier« und Derartiges mehr dargestellt.
Für die Verfolgung und Vernichtung der Hexen gibt es schließlich auch die These, daß dies »nicht nur ein Produkt geisteskranker Hysterie einzelner Kirchenmänner« war, sondern von Klerus und Adel aus »exaktem politischem Kalkül entwickelt« wurde.
Manche Soziologen glauben heute, daß mit der Vernichtung der weisen Frauen »das alte Volkswissen über Geburtenkontrolle« ausgerottet werden sollte, das vorrangig von den als Hexen verdächtigten Hebammen gehütet und weitergegeben wurde.
Oder anders gesagt: Die Frauen sollten durch Angst und Terror dazu gebracht werden, mehr Kinder zu empfangen und aufzuziehen, als sie für ihre Familie brauchten.
Hexenglaube und Teufelskult gab es schon in grauer Vorzeit, und sie waren auch während des ganzen christlichen Zeitalters lebendig. Schon die Wüstenheiligen wurden vom Teufel geplagt, und alle möglichen Schauerberichte über Dämonenkulte belebten das Leben in den Klöstern.
Auf dem Land hielt sich der Hexenglaube länger als in den Städten. Eine der Ursachen dürfte der alte Priesterinnen-Kult aus vorchristlicher Zeit gewesen sein. Er lebte in den weisen alten Frauen weiter, die sich auf Kräuter und Zaubersprüche verstanden.
So ist zum Beispiel für das Schließen und Verheilen von Wunden dieser irische Zauberspruch überliefert:

»Kein Blut mehr und keine Schmerze mehr,
Bis die Jungfrau Maria wieder ein Kind gebiert.«

Daß die alten Frauen zuweilen sehr fähig und kenntnisreich waren, hat schon der berühmte Schweizer Arzt und Naturforscher Paracelsus (1493–1541) bestätigt. Nach zehnjähriger Wanderschaft durch nahezu alle europäischen Länder behauptete er, mehr von ihnen gelernt zu haben als an den Universitäten.

Die Geschichten von geheimen Zauberkräften, die sich um das Leben der weisen alten Frauen rankten, dürften die Menschen des Mittelalters so fasziniert haben wie Kriminalgeschichten in der heutigen Zeit. Sie spielten meist an verrufenen Orten, wo die Hexensabbatte mit ihren so oft beschriebenen sexuellen Ausschreitungen und gotteslästerlichen Greueln gefeiert wurden.

Zu diesen geheimen Plätzen gehörten nicht nur finstere Wälder und Grotten, sondern auch Geisterschlösser und verwunschene Paläste. Die Abgesandten der Hölle, die Dämonen in Tier- und Menschengestalt, liebten es sogar besonders, die ihnen verfallenen Menschen an geweihten Stätten zu treffen, etwa auf einem Kirchhof oder Kirchplatz.

Nach der mittelalterlichen Vorstellung mußten die Gotteslästerer, die ihre Seele dem Teufel verschrieben hatten, jede Gelegenheit ergreifen, heilige Symbole des Glaubens zu verhöhnen und zu verspotten. Sie gaben sich ferner den ausgefallensten geschlechtlichen Riten hin, denn die Dämonen konnten ihnen überhaupt nur im Geschlechtsverkehr ihre magischen Kräfte übertragen. Je mächtiger ein Dämon war, um so grausiger war seine Gestalt und um so abscheulicher die Umarmung, die er forderte.

Der Sterbliche, der in den Orgien der Hexensabbatte dämonische Gewalt erworben hatte, mußte nun seinen Teufelsbund unablässig neu besiegeln. So warb er ständig neue

Anhänger für den Satan. Das unerbittliche Gesetz der Dämonenwelt zwang ihn dazu, zuerst seine allernächsten Angehörigen, dann seine weitere Sippe zu verführen. Doch konnte er seine Zauberkräfte wiederum nur im Geschlechtsverkehr weitergeben, in den blutschänderischen Umarmungen mit Eltern, Kindern und Geschwistern. Deshalb gehörten Orgien und verbotene Liebespraktiken zum eisernen Bestand jeder Hexerei und Ketzerei.

So lesen wir in alten Chroniken, daß auch junge Nonnen vom Hexenfieber ergriffen wurden. Sie rannten über Wiesen und Felder, kletterten auf Bäume und ahmten die Rufe der Tiere nach. Sie erklärten, sie hätten es mit dem Teufel und ihren Beichtvätern getrieben. Einige der Priester verloren den Verstand, wurden geisteskrank oder legten selber Geständnisse ab.

Schon bevor die große Hexenjagd durch Innozenz VIII. eröffnet wurde, war Frankreich Schauplatz der ersten Massenverfolgung: Die Sekten der Waldenser und Katharer hatten in der Provence ein Zentrum gebildet. Sie forderten die Rückkehr zu Armut und Einfachheit.

Ihre blutige Verfolgung war der Beginn der Inquisition: die von geistlichen und weltlichen Behörden gemeinsam durchgeführte Erforschung des Ketzerwesens. Sie wurde dem im Jahre 1216 gegründeten Dominikanerorden übertragen, der als »Hund des Herrn« gefürchtet war.

In einem französischen Gerichtsprotokoll aus dem Jahre 1230 wird einiges über den Hexensabbat, die Orgie mit den vom Glauben abgefallenen Ketzern, berichtet:

> »Kein Ketzer durfte sich diesen Riten der Teufelsverehrung entziehen, die in sexuellen Exzessen endeten. Sie mußten an verdunkeltem Ort unter Leitung von Dämonen in Tiergestalt stattfinden. Um den wahren Glauben vergessen zu können, mußte der Gottesleugner Riesen-

frösche und Kröten auf das Maul küssen. Denn Frosch und Kröte galten als von Dämonen besessene Tiere.«

Ein Vernehmungsprotokoll schildert die Weihe einer Hexe wie folgt:

»Sie wurde von irgendeinem alten Weib, zuweilen von ihrer eigenen Mutter dazu bewogen, ihren Glauben abzulegen, ein Kreuz auf die Erde zu machen und darüber zu reiten, als seien sie zu Pferd, und darauf zu spucken. Alsbald erschien ein wunderschönes Pferd, das sie alle bestiegen, und binnen kurzem befanden sie sich auf einer sehr schönen Ebene über einem Berg. Dort sahen sie, wie sie sagen, eine vielköpfige Menge von Männern und Frauen, die paarweise umhergingen und tanzten und sangen und Musikinstrumente spielten. Jedermann bezeigte große Freude über die neue Frau, die eingetroffen war, rühmte sie und streichelte sie. Und sie, die vermeinte, sie sei die schönste und geehrteste Dame der Welt, war sehr glücklich. Es stand da ein Sessel ganz aus Gold, auf dem ein großer Herr und Meister saß, und ringsrum waren viele Barone und viele Herren und Meister, alle in Gold und Seide gekleidet; nahebei befanden sich schöne junge Männer. Die Führerin stellte die neue Jüngerin dem Herrn vor. ›Tochter sei willkommen‹, sagte dieser und rühmte sie höflichst und berührte sie mit seiner Hand, und sie sagte, daß seine Hand nicht wie unsere Hände waren ...«

Innozenz VIII. war es, der schließlich die Hexenjagd mit den Mitteln des Justizmordes in Gang setzte. Zunächst ernannte er zwei kaltblütige Fanatiker zu seinen Legaten in Deutschland: Jakob Sprenger und Heinrich Krämer.
Die »geliebten Söhne« des Heiligen Vaters erhielten die Or-

der, die Gerüchte über die Hexerei zu untersuchen. Sprenger veröffentlichte 1487 in Straßburg das klassische Werk über das Hexenwesen, den »Malleus maleficarum« oder »Hexenhammer«.
Als eigentlicher Autor dieses Buches gilt jedoch Heinrich Krämer. Pikant sein Vorleben: Ihm wurde vorgeworfen, der Verhaftung und Bestrafung wegen Unterschlagung von Ablaßgeldern nur mit Mühe und Not entgangen zu sein. Außerdem soll er später zusammen mit einem Kollegen, unterstützt durch einen schlauen Advokaten, ein Notariatsinstrument gefälscht haben.
Fünfundsiebzigjährig starb er im Jahre 1505, aber sein »Hexenhammer« und der pathologische Frauenhaß dieses Buches beeinflußten das Denken der Kirche auf Jahrhunderte hinaus. Das Werk wird noch immer von jenen, die sich mit Schwarzer Magie beschäftigen, zu Rate gezogen.
Jahrhundertelang jagte, folterte und verbrannte man vor allem Frauen. Oft auch deshalb, weil sie den Hexenjägern nicht zu Willen waren. Mancher Untersuchungsrichter ließ Widerspenstige als ›Hexenhuren‹ einkerkern, um sein Ziel zu erreichen.
Berühmtestes Opfer der Inquisition: Die französische Nationalheldin Jeanne d'Arc, die sich selbst Jeanne la Pucelle nannte. Die Tochter wohlhabener Landleute fühlte sich durch ›Stimmen‹ dazu aufgerufen, den Dauphin (Karl VII.) nach Reims zur Krönung zu führen und Frankreich von den Engländern zu befreien. Sie begleitete das französische Heer nach Orléans und schlug mit ihm die englischen Belagerer. Es war die entscheidene Wende des Krieges.
Später geriet die ›Jungfrau von Orléans‹ in die Gefangenschaft der Burgunder, die sie den Engländern auslieferten. Sie wurde nach Rouen gebracht und von einem Gericht unter der Leitung von Pierre Cauchon, dem Bischof von Beauvais, als Zauberin und Ketzerin verurteilt und am 30. Mai

1431 auf dem Scheiterhaufen verbrannt. 1456 wurde ihre Verurteilung von der Kirche aufgehoben, 1909 wurde sie selig-, 1920 dann heiliggesprochen.

Bis zur Mitte des 19. Jahrhunderts gingen die Historiker davon aus, daß ungefähr neun Millionen Hexen und Hexer auf den Scheiterhaufen verbrannten. Diese Zahl gilt allerdings heute als nicht wahrscheinlich. Da der größte Teil der Hexenprozeßakten jedoch vernichtet wurde, wird die genaue Zahl der Opfer nie ermittelt werden können. Allerdings fanden die Forscher gutgesicherte Einzelangaben, nach denen sich das Ausmaß des Terrors wohl abschätzen läßt. So schloß eine katholische Religionsforscherin noch im Jahre 1974 nach dem Studium vorhandener Chroniken, Protokolle und Tagebücher nicht aus, daß »ihre Zahl in die Millionen geht«.

Der sächsische Richter Benedict Carpzov (1595–1666) soll allein zwanzigtausend Todesurteile unterzeichnet haben. Er war zugleich Verfasser des »Practica Rerum Criminalum« (1635), des »Hexenhammers des Protestantismus«.

Der französische Hexenjäger Nicholas Remy (1530—1612) hat innerhalb von fünfzehn Jahren neunhundert Verbrennungen befohlen. In Spanien, wo die Inquisition die Hexenverfolgung nicht an weltliche Instanzen übergab, wurden zwischen 1481 und 1746 vierunddreißigtausendsechshundertvierundvierzig Menschen bei lebendigem Leib verbrannt und achtzehntausenddreiundvierzig nach vorheriger Hinrichtung.

Die Orgie der Grausamkeit kannte keine Grenzen. Venezianischen Urkunden zufolge war das Alpental von Camonica im späten Mittelalter Schauplatz eines Hexenprozesses, der vierundsechzig Menschen das Leben kostete. Man nimmt an, daß dieses Tal an der prähistorischen Bernsteinstraße Jahrtausende lang ein Kultort und eine Pilgerstätte gewesen ist.

Von ähnlichen Massenexekutionen wird auch aus dem norditalienischen Como berichtet. Hier verbrannte der Inquisitor im Jahre 1523 unter Mithilfe von zehn Assistenten tausend Menschen. In Großbritannien, wo 1479 der erste Hexenprozeß stattfand, wurden etwa dreißigtausend Menschen hingerichtet – nicht verbrannt, sondern aufgehängt.
Auch in den deutschen Ländern gingen die Hexenjäger mit Akribie und Grausamkeit vor: In Würzburg starben am 16. Februar 1629 bei neunundzwanzig Massenexekutionen hundertsiebenundfünfzig Menschen den Feuertod, und in Quedlinburg waren es hunderteinunddreißig an einem einzigen Tage des Jahres 1589.
Vor allem gerieten Frauen in das Räderwerk der Hexenprozesse. Ihr Anteil an den Opfern wird auf gut achtig Prozent geschätzt.
Ins Visier nahmen die Hexenjäger hauptsächlich die Hebammen. Sie mußten nach den Erkenntnissen der Historiker häufig als Hauptschuldige eines Ortes herhalten. Denn bereits im »Hexenhammer« war ihre Verfolgung festgeschrieben worden. Von ihnen, so hieß es, gebe es eine so große Zahl, daß kein Dörfchen existiere, wo sich nicht welche finden ließen.
So waren im bayerischen Schongau und seinen Nachbarorten im Jahre 1589 von dreiundsechzig der Hexerei angeklagten Frauen fünfzehn Hebammen. In Köln, der größten deutschsprachigen Stadt im Mittelalter, erreichte der Verfolgungswahn in den Jahre 1627 bis 1630 seinen Höhepunkt. Das grausige Resultat: Von den Schergen der Inquisition wurden die Geburtshelferinnen fast ausgerottet. Bei jeder dritten hingerichteten Frau handelte es sich um eine Hebamme.
Meist wurden die Geständnisse der Opfer durch Folter erpreßt. Ein Beispiel ist das Vernehmungsprotokoll der fünfzigjährigen Barbara Rüdinger aus dem fränkischen

Wertheim. Nach dem dritten Verhör am 30. März 1634, bei dem sie mit Daumenschrauben gefoltert wurde, begann sie zu gestehen:
Sie sei dreißig mal ausgefahren, habe mit Schmier (Hexensalbe) zwei Kühe getötet, nur das Schmiersieden habe sie nicht gelernt. Mit ihrem Mann habe sie diese Sünde begangen, welche ihr hart angelegen, daß sie verhütet, daß sie keine Kinder mehr mit ihm gehabt; er hat gesagt, er woll's machen, daß es keine Kinder mehr gebe.
Um weiteren Folterqualen zu entgehen, versuchte die Mutter zweier Kinder sich selbst zu töten. Dabei erlitt sie Blutergüsse. Als sie erneut verhört wurde, fragte man sie, »ob der Teufel sie geschmissen« habe.
Um der Tortur des Anschmiedens an glühendes Eisen zu entkommen, bat sie ihre Richter um einen milderen Tod: Enthauptung oder Öffnen der Schlagadern. Ihre Bitte wurde abgelehnt. Darauf widerrief sie ihr Geständnis. Das brachte ihr nur weitere Folterqualen ein.
Exemplarisch für die Grausamkeit der Hexenjäger ist auch ein Fall aus München. Dort wurden ein Ehepaar und dessen zwei ältere Söhne so lange gefoltert, bis sie gestanden »vierhundert Kinder verzaubert und getötet, achtundfünfzig Personen krumm und lahm gehext und andere Grausamkeiten« verübt zu haben.
Zur Strafe wurde der Vater auf einen glühenden Spieß gesteckt, die Mutter auf einem glühend gemachten eisernen Stuhl verbrannt, die Söhne wurden mit glühenden Zangen gefoltert, gerädert und dann verbrannt. Nur der jüngste Sohn kam mit dem Leben davon. Er mußte jedoch der grausigen Hinrichtung seiner Eltern und Brüder beiwohnen, »damit er sich forthin zu hüten wisse«.
Die Kinder von ›Hexen‹ waren den kirchlichen und weltlichen Fahndern von vornherein verdächtig. Diese konnten sich auf die Richtlinien im »Hexenhammer« berufen, »daß

immer die Töchter von Hexen unter ihresgleichen als Nachahmerinnen der mütterlichen Verbrechen verrufen sind, ja, daß auch die ganze Nachkommenschaft gleichsam angesteckt ist«.

So stützte auch im Jahre 1519 ein Inquisitor in Metz seine Anklage auf dieses Dekret. Als ihm vorgehalten wurde, daß kein ausreichender Verdacht für eine Hexerei vorliege, konterte er: »Allerdings liegt ein sehr genügendes [Indiz] vor, denn ihre Mutter ist als Zauberin verbrannt worden... Das Indizium müsse gelten, weil Zauberinnen ... ihre Kinder sogleich nach der Geburt den Dämonen ...weihen ...und so das Zauberwesen in den Familien ...vererben.«

Schauplatz eines solchen Indizien-Prozesses war auch Luzern im Jahre 1454. Die Angeklagte, eine Dorothea, wurde allein damit belastet und zum Tode verurteilt, »daß einige Jahre früher ihre Mutter [als Hexe] verbrannt worden war«.

Und selbst vor der Todesstrafe bei Kleinkindern schreckten die Hexenjäger nicht zurück. So richtete man im Jahre 1732 in Breslau einen Säugling öffentlich hin, weil er aus der »Blutschande zwischen Vater und Tochter« hervorgegangen war.

Schließlich wurde für ›Hexenkinder‹ unter vierzehn Jahren sogar ein besonderer Strafkatalog erlassen. Zu Trier lehrte 1540 bis 1603 ein gefürchteter Inquisitor, daß man sie nicht eigentlich foltern, sondern nur mit Rutenhieben schrecken, und solche unter sechzehn Jahre nicht hinrichten, sondern einsperren solle, bis sie sich besserten.

Doch nicht nur Frauen und Kinder gerieten in das Räderwerk der Inquisition. Auch einfache Männer, Astrologen, Ordensleute, Priester und selbst Päpste wurden verdächtigt, Zauberei zu betreiben, und kamen auf die schwarze Liste des »Großen Bruders« in Rom.

Papst Silvester II. (999–1003) wurde unumwunden beschuldigt, durch einen Pakt mit dem Teufel den Thron Petri

erlangt zu haben. Auch Alexander VI. (1492–1503) soll dämonische Kräfte besessen haben. Der Prozeß wurde den Heiligen Vätern allerdings nicht gemacht.
Um so unerbittlicher verfolgte die Inquisition dafür die Tempelritter, denen man ketzerische Geheimlehren, Götzendienst und obszöne Praktiken vorwarf.
Der Templerorden war 1119 von Hugo von Payens zum Schutz der Jerusalem-Pilger gegründet und 1128 vom Konzil von Troyes bestätigt worden. Die Templer trugen ein achtspitziges rotes Kreuz auf ihrem weißen Mantel. Seinen Sitz hatte ihr Großmeister zunächst in Jerusalem, dann auf Zypern.
Seit 1139 war der Orden unmittelbar dem Papst unterstellt und besaß besonders in Frankreich reiche Besitztümer. Als die Templer 1291 durch den Fall von Akka ihre Aufgabe im Heiligen Land verloren, wurden sie bald mißliebig und verdächtig.
Im Morgengrauen des 13. Oktober 1305, einem Freitag, wurden in Frankreich auf Befehl von König Philipp VI., der Schöne, alle Tempelherren verhaftet, zweitausend an der Zahl. Die Anklage lautete auf Ketzerei.
Papst Klemens V. (1305–1314) versuchte anfänglich, den Orden zu verteidigen, freilich ohne viel Nachdruck. Inzwischen war die Foltermaschinerie der Inquisition angelaufen, und die Tempelritter gestanden schließlich alles, was ihnen vorgeworfen wurde: Sie hätten verschiedene Götter angebetet, von denen einer einen Katzenkopf, ein anderer die Gestalt des Teufels, ein dritter die eines Satyrs gehabt habe. Ferner: Sie hätten das Kreuz bespuckt, Sodomie begangen, die Kreuzzüge verraten und sich gegen Papst und König verschworen.
Später widerriefen sie ihre Geständnisse – wohl in der Hoffnung, daß der Papst ein gnädiges Wort für sie einlegen werde. Doch der Heilige Vater verstieß die Jünger im wei-

ßen Ornat. Er ließ den Orden auflösen und befahl unter dem Druck König Philipps des Schönen allen christlichen Fürsten, die Tempelritter zu verfolgen. Er zwang sogar den widerstrebenden König von England, Eduard II. (1307–1327), sie zu foltern.

Großmeister Jacques de Molay wurde bei Nacht in Anwesenheit der gesamten Königsfamilie Frankreichs auf der Judeninsel verbrannt. Der Überlieferung zufolge stieß der Sterbende einen Fluch auf den Papst, den französischen König und seinen Kanzler Wilhelm von Nogaret aus:

»Ich rufe Euch auf, vor Ablauf des Jahres vor dem Tribunal Gottes zu erscheinen!«

Vierzig Tage nach der Verurteilung der Tempelritter starb der Papst, wenig später auch Nogaret. Seine letzten Worte waren angeblich: »Ich verbrenne …«

Unter mysteriösen Umständen kam auch Philipp der Schöne ums Leben. Einer Version zufolge wurde er im Wald von Pont-Saint-Maxence auf der Jagd nach einem geheimnisvollen Hirsch oder Eber von einer plötzlichen Krankheit befallen. Als er starb, klagte er über schrecklichen Durst.

Hexenverfolgung und Inquisition werden heute noch in den meisten Kirchen- und Papstgeschichten nur am Rande erwähnt oder ganz verschwiegen. Dafür hat die Psychoanalyse inzwischen versucht, den von der Kirche ausgehenden Holocaust seiner Bedeutung entsprechend in die Geschichte einzuordnen.

»Die Methoden Hitlers und seiner Schergen vorwegnehmend«, so resümiert der Psychiater P. Priskil, »verwandelte die katholische Kirche … Europa durch die Hexenverfolgung in ein einziges Konzentrationslager: Bespitzelung, Einschüchterung, Denunziation und Demagogie bestimmten den Alltag, die Furcht vor Verschleppung und viehischer Mißhandlung war allgegenwärtig, in Städten und Dörfern rauchten die Scheiterhaufen wie später die KZ-Schlote.«

VI
Die Hexenmeister mit der Tiara
Dämonenkult, Geisterburgen und Schwarze Messen

Der Mönch war nach der Vesper in seine Zelle gegangen. Er fühlte sich müde und legte sich auf sein Bett. Aber er konnte nicht einschlafen. Das Gewitter zerrte an seinen Nerven.
Die Luft im Raum war warm und stickig. Nach eine Weile stand er wieder auf und ging in den Garten, um frische Lust zu schöpfen.
Das Gewitter war inzwischen vorbei. Die Nacht kam jetzt schnell. Eine kühle Brise erhob sich und vertrieb die Schwüle des Tages. Die ersten Sterne begannen zu glitzern, und die schmale Sichel des Mondes zerschnitt den schwarzblauen Himmel.
Der Mönch starrte hinaus in die Nacht. Kein Geräusch war zu vernehmen. Eine Weile hatte er die Vorstellung, daß er der einzige Mensch auf der Welt war. Dann sah er plötzlich im Garten zwischen den schwarzen Schatten der Sträucher etwas aufleuchten. Ein grünliches Licht, das fast künstlich wirkte, und von dem eine seltsame magnetische Wirkung ausging.
Ein Schauer rieselte ihm über den Rücken.
Woher kam dieses geheimnisvolle Leuchten?
Langsam ging er auf das Licht zu, das jetzt hinter der dunklen Masse der Sträucher wie das riesige, furchtbare Auge eines Zyklopen leuchtete.
Als er noch etwa zwanzig Meter von der Lichtquelle entfernt war, sah er, wie sich einer der dunklen Sträucher in dem Zwielicht bewegte und eine andere Form annahm.
Dann erkannte er, daß es sich um den Schattenriß eines Mannes handelte. Der Unbekannte hatte ihm den Rücken zugewandt, so daß sein Gesicht nicht zu erkennen war.
Vorsichtig, jedes Geräusch vermeidend, schlug der Mönch einen Bogen. Schließlich hatte er eine Position erreicht, die ihm eine bessere Sicht erlaubte. Jetzt konnte er das Gesicht des Mannes sehen.

Einen Augenblick lang glaubte er zu träumen, dann begann sein Herz schneller zu schlagen, und das Blut schoß ihm in die Schläfen. Kein Zweifel, es war der Kardinal, der in Rom als der aussichtsreichste Kandidat für das freigewordene Amt des Stellvertreters Christi galt.

Der zukünftige Papst saß aufrecht mit gekreuzten Beinen, Hände und Arme lose herabhängend, in einem magischen Kreis, den er auf den Boden gezeichnet hatte.

Er atmete langsam, sein Gesicht war unbeweglich. Die tiefliegenden Augen starrten in ein grünliches Feuer, das in einem irdenen Gefäß brannte. Sie waren weit aufgerissen, als ob sie ein Ziel jenseits des dem Menschen bekannten Raumes suchten.

Aus seinem Versteck heraus sah der Mönch, wie die grünen Flammen gleich leuchtenden Schlangen über das Gesicht des Kardinals zuckten und ihm den Ausdruck eines Magiers verliehen.

Silberner Rauch stieg in Spiralen aus dem irdenen Gefäß in die Höhe. Rauch, der nach Säuren, Schwefel, Salpeter, Myrrhe und Weihrauch roch.

Welchen geheimen Wissenschaften und Experimenten ging der zukünftige Papst nach?

Plötzlich mußte der Klosterbruder an all die Gerüchte denken, die über den Kardinal seit geraumer Zeit die Runde machten.

Es hieß, daß er sich auf die astrologischen Künste verstehe und auch ein geschickter und erfahrener Zauberer sei. Außerdem trage er einen Siegelring, in dem er ein kleines Idol eingeschlossen habe.

Einen Augenblick traute der Mönch seinen Augen nicht, denn er sah Dinge, die er nicht mehr zu durchschauen vermochte.

Die Augen des künftigen Papstes wirkten jetzt wie kranke Geisteraugen, in denen das gleiche grüne Feuer zu brennen schien wie in dem Gefäß vor ihm.

Der Mönch sah, wie der Kardinal das Blut eines getöteten Hähnchens in ein anderes Gefäß goß, und dann erscholl in der Stille der Nacht eine übernatürliche Stimme, die keiner menschlichen glich: die Stimme eines Dämons. Und sie schien von überallher zu kommen, von den Sternen, von den sieben Hügeln, den Palästen und Katakomben der Ewigen Stadt.
Der Mönch spürte, daß er unter einer wirren, mächtigen und grauenhaften Furcht erzitterte. Er schlug das Zeichen des heiligen Kreuzes. Dann lief er davon, damit er nichts mehr von dem sah und hörte, was er nicht verstand.

*

Eine Szene aus dem Jahre 1300. Der Zeuge: Ein Mönch, der Papst Bonifatius VIII. (1294–1303) bei einem Dämonentreffen beobachtet haben will.
Geschichten über zahlreiche solche Experimente, um mit Zauberei und Magie ein Stück der göttlichen Allmacht an sich zu reißen, ranken sich um die Biographien verschiedener Päpste.
Dies ist ein Thema von faszinierender und strittiger Art. Ein Thema, das von manchen Wissenschaftlern einer höchst intensiven Nachforschung für wert erachtet, von anderen hingegen schlicht als Produkt einer blühenden Phantasie hingestellt wird.
Doch unbestritten ist es ein Thema, das seit uralten Zeiten die Menschen und auch die Kurie beschäftigt. Goethe hat dieser Sage in der Tragödie über das Leben des Doktor Faustus ein bleibendes dichterisches Denkmal gesetzt.
Der Glaube an Übernatürliches, an Dämonen und Magier war schon immer ein Teil der menschlichen Denktradition. Zauberei und magische Symbolik finden sich schon in den Zeichnungen der Höhlenmenschen. Dämonenfurcht ließ das Blut auf den ersten Opfersteinen fließen und zwang noch die Helden Homers zu Menschenopfern.

Die Menschen der antiken Welt glaubten, daß Hexen auf dämonischen Reittieren oder auf Stöcken durch die Nächte flogen, um die Männer zu betören. Odysseus wäre beinahe den Verführungskünsten der Hexe Circe erlegen.
Auch die Römer fürchteten die verführerische Macht schöner Hexen. Sie glaubten, daß Vampire in Frauengestalt nachts neugeborenen Kindern das Blut aussaugten und alte scheußliche Hexenweiber Krankheit und Tod heraufbeschworen.
Ein verlassener Sklavenfriedhof galt als Treffpunkt der Zauberinnen, weil sie dort angeblich nach Menschenknochen und giftigen Kräutern wühlen konnten.
Überreste des antiken Zauberwesens fanden sich auch in den Wand- und Deckengemälden der eingestürzten Kaiserpaläste wieder: Hexen und Dämonen, die auf zarten Libellenflügeln mit buntschillernden Vögeln und Schmetterlingen um Blumen und Früchte flatterten. Ebenso wurden Amulette und Beschwörungstäfelchen ausgegraben, die gegen den bösen Blick schützen sollten.
Der Glaube an Dämonen und Zauberei fand im Mittelalter und in der Renaissance neuen Nährboden. Das Studium der Weißen und Schwarzen Magie wurde an Höfen und Universitäten betrieben. Es war das Streben nach unbegrenzter Erkenntnis, nach Macht, Reichtum und Sinneslust. In diesem Treiben spiegelt sich besonders die Unruhe des durch Renaissance und Reformation erregten Jahrhunderts in einem Jahrmarkt der Zauberer, Teufelsbeschwörer, Schwarzkünstler und Horoskopsteller wider.
Aber nicht nur auf hochgebildete Wissenschaftler, Halbgelehrte und Studenten übte der ›Hokuspokus‹ eine große Anziehungskraft aus, sondern auch auf die Päpste, ihre Anhänger und Gegner.
Freilich: Die ›Gespenstergeschichten‹ hatten meist einen realen politischen Hintergrund. Beim Poker um das höchste

Kirchenamt war den verschiedenen politischen Parteien jede List recht, um ihren jeweiligen Gegner auszutricksen und ihn als Magier zu verdächtigen, der im Bund mit dem Teufel stand.

Vor allem während des großen Abendländischen Schisma der mitteralterlichen Kirche – am Ende des 14. und zu Beginn des 15. Jahrhunderts – scheuten die Gegenpäpste aus persönlichen und politischen Motiven vor keiner Verdächtigung zurück und bezichtigten sich gegenseitig als Ketzer und Thronräuber. Die Sünden des jeweiligen Widersachers konnten nicht schwarz genug gemalt werden.

So entstanden zahlreiche Legenden.

Die berühmteste historische ›Spukgestalt‹ mit der Tiara dürfte Papst Alexander VI. (1492–1503) sein. Ihm warfen seine Gegner sogar vor, er sei ein Maure: ein Heide, der sich nur zum Schein zum Christentum bekehrt habe, um sich der christlichen Religion als Magie zu bedienen.

Einer von denen, die fleißig an der schillernden Borgia-Biographie mitgeschrieben haben, war der päpstliche Zeremonienmeister Johannes Burchard. Er stammte aus dem Elsaß, studierte Jurisprudenz, promovierte zum Doktor der Rechte und wurde Kanonikus in St. Thomas in Straßburg. Irgendwie gelang es ihm, das Geld aufzutreiben, damit ein Freund ihm einen Posten an der Kurie kaufte, wo schon viele unternehmungslustige Deutsche ihren Weg gemacht hatten.

Burchard war noch recht jung, als er 1481 nach Rom kam, um sein Glück zu suchen. Er wurde prompt zum *Pronotorio apostolico* ernannt. Ein Posten, der ihn nicht hinderte, auch als Advokat an den päpstlichen Gerichten tätig zu werden. Der diplomatische Kirchendiener erkannte schnell, wie man im Vatikan Karriere machen konnte: Man brauchte einen einflußreichen Freund und Geld, um eine vorteilhafte Position zu erlangen.

Den einflußreichen Freund fand er in Agostino Patrucci, den Zeremonienmeister. Auf dessen Empfehlung wurde er als Schreiber im päpstlichen Zeremonialamt angestellt und zwei Jahre später zu seinem Nachfolger bestellt.
Burchard hatte für diesen Karrieresprung vorgesorgt und die entsprechenden Ersparnisse auf die hohe Kante gelegt: vierhundertfünfzig Golddukaten – der Preis für die Bestallungsurkunde.
Unter Sixus IV. (1471–1484) trat er das Amt des päpstlichen Zeremonienmeisters an und begann Tagebuch zu führen. Es sollte kein literarisches Werk werden, sondern lediglich eine Zusammenstellung von Notizen für den eigenen Gebrauch, eine Gedächtnisstütze über Einzelheiten des täglichen Zeremoniells und der Etikette, für deren Einhaltung er verantwortlich war.
Sechsundzwanzig Jahre schrieb Burchard mit großem Eifer an den ›päpstlichen Memoiren‹. Er diente unter fünf Kirchenoberhäuptern, und manche Historiker halten es für nicht unwahrscheinlich, daß er die Tagebucheintragungen der Stimme seines jeweiligen Herrn angepaßt und manchmal sogar hinterher in dessem Sinne korrigiert hat. Denn nicht jeder Oberhirte war immer ein Freund seines Vorgängers auf dem Stuhl Petri.
Innozenz VIII. (1484–1492) schenkte dem Deutschen größtes Vertrauen und belohnte seine Chronisten-Arbeit, indem er ihm mehrere schöne Pfründe in der Diözese von Straßburg schenkte.
Burchard war ständig in der Nähe des Papstes, der die folgenschwere Hexenbulle erließ. Die Schreckgespenster, die der Pontifex überall wähnte, dürften vermutlich auch seinen Intimus beeindruckt und dessen Phantasie für die späteren Tagebucheintragungen beflügelt haben.
Nachfolger von Innozenz VIII. war Alexander VI. Elf Jahre lang wurde Burchard es nicht müde, alle kirchlichen Feiern

und Zeremonien des Borgia-Papstes ausführlich in seinem Tagebuch zu verzeichnen.
In seinem schillernden Augenzeugenbericht über die Nacht der fünfzig Kurtisanen finden sich auch zahlreiche Spuren des »Malleus Maleficarum«, jenes Hexenhammers, dem Text- und Lehrbuch aller Hexenrichter, das selbst im 18. Jahrhundert von Katholiken und Protestanten mit unvermindertem Eifer benutzt wurde.
Schon das Datum der Borgia-Orgie, die Nacht vor Allerheiligen, paßt ins Klischee vom »Hexenhammer«. In Deutschland galt diese Nacht am geeignetsten für einen Hexensabbat. Und Burchard war Deutscher.
In dieses Bild paßt auch, daß Alexander VI. sich nach der langen Nacht – so Burchard – am nächsten Tag unpäßlich gefühlt haben soll und in seinen Gemächern geblieben sei. Der »Hexenhammer« lehrt, daß die Teilnehmer nach einem Hexensabbat unter großer Mattigkeit leiden und die religiösen Zeremonien in den nächsten Tagen meiden. Darüber hinaus finden sich in dem Bericht über die Borgia-Orgie viele der seit Jahrhunderten in den Protokollen der Inquisition aufgezählten Elemente eines Hexensabbats.
Schon in einem Prozeß in Frankreich wurde 1230 die Orgie der Dämonen mit den vom Glauben abgefallenen Ketzern so ähnlich beschrieben wie 1502 in Burchards »Nacht der fünfzig Kurtisanen«.
Kein Ketzer durfte sich den Riten der Teufelsverehrung entziehen. Diese begannen mit Exzessen in Speise und Trank und endeten in sexuellen Ritualen. Sie mußten an verdunkelten Orten unter Leitung von Dämonen in Tiergestalt stattfinden. Um den wahren Glauben vergessen zu können, mußte der Gottesleugner Riesenfrösche und Kröten aufs Maul küssen. Frosch und Kröte galten als von Dämonen besessene Tiere, deren Weibchen die Männchen während des Geschlechtsaktes auf ekelerregende Weise töteten.

Nach Burchards Tagebuchnotizen begann das Borgia-Gelage ebenfalls bei Kerzenschein mit einem ›großen Fressen‹ und endete mit ausgefallenen Sex-Spielen: Die fünfzig Kurtisanen mußten nackt am Boden herumkriechen und Kastanien auflesen.
Einige historische Quellenforscher glauben, damit sollten beim Leser »wollüstige Vorstellungen von einem Schwein, einem seines Schmutzes und seiner Niedertracht wegen von den Dämonen ebenfalls besonders geliebten Tier« geweckt werden. Die herumkriechenden Mädchen sollten eine Schweineherde darstellen, die, wie in den Mittelmeerländern üblich, in einem Kastanienwäldchen weidete.
Höhepunkt des satanischen Kults: Diejenigen, die sich bei dem Liebesbankett durch besondere Verführungskünste auszeichneten, wurden mit kostbaren Preisen belohnt.
Wie auch immer: Zauberfrösche, dämonische Ziegenböcke und Wölfe zählten jedenfalls nicht zu den Requisiten der Borgia.
Dafür lieferten ihre Amouren und Bluttaten reichlich Stoff für andere Legenden: Die schöne, vielumworbene und vielgeliebte Lucrezia Borgia galt als »Hexe« und »Reichsverderberin«, die »mit dem Teufel im Bunde stand, um magische Kräfte für ihre Liebesabenteuer zu gewinnen und die Männer mit unerlaubten Mitteln an sich zu fesseln«.
Auch diese Theorie paßte ins Weltbild des »Hexenhammers«: Die verführerischen Weiber nutzten ihren Einfluß dazu aus, die Männer zu verderben, Waren nicht fast alle großen Reiche der Welt von Frauen vernichtet worden? Von der schönen Helena bis zu Kleopatra?
Nichts schien naheliegender, als ihnen Lucrezia Borgia an die Seite zu stellen. Die Legende machte sie zum notwendigen Bindeglied zwischen ihrem Vater, ihrem Bruder und dem Satan.
Auch der Tagebuchschreiber Burchard muß diesen Ein-

druck von der schönen Papsttochter gehabt haben. Bei den meisten geistlichen Zeremonien war sie zugegen. Außerdem kam es vor, daß sie während der Abwesenheit ihres Vaters die laufenden Geschäfte im Vatikan führte.
Die Anhänger des »Hexenhammers« sahen damit ihre Theorie bestätigt: Die Frau verfügt über magische Verführungskünste und griff voller Herrschsucht in die Politik ein.
Neuen Gesprächsstoff bekam die Borgia-Legende, als Alexander VII. am 11. August 1503 nach der Feier des Jahrestages der Papstkrönung an einem rätselhaften Leiden erkrankte und kaum eine Woche später starb.
In zahlreichen Berichten wurde der Höllenspuk am Totenbett beschrieben. Mit Genugtuung kolportierten die Papstgegner, daß selbst ein Borgia den Teufel nicht überlisten könnte. Denn in dem Pakt, den er vor seiner Wahl allzu eilig unterzeichnet habe, sei ihm nur versprochen worden, daß er zwar das zwölfte Jahr seiner Papstherrschaft erreiche, aber nicht vollenden dürfe.
Als die Frist abgelaufen war, habe Alexander mit dem Teufel über die Vertragsklauseln gestritten, um eine Verlängerung von drei Tagen zu erreichen, damit er seine wichtigsten Angelegenheiten regeln könne.
Doch der Satan habe nicht mit sich handeln lassen. Daraufhin soll der Papst Zuflucht zu den heiligen Symbolen des Glaubens und sogar zum Allerheiligsten Altarsakrament gesucht haben. Mit Schrecken habe er jedoch festgestellt, daß er die geweihte Hostie, die er um den Hals zu tragen pflegte, in seinem Schlafgemach liegen gelassen hatte. Ein Bote sei daraufhin von ihm beauftragt worden, das kostbare Amulett zu holen.
Einigen Berichten zufolge soll es sich um den jungen Gian Pietro Carafa gehandelt haben, den späteren Paul IV. (1555–1559). Seine Mission sei jedoch gescheitert, denn ein überirdisch starker Lichtstrahl habe ihn getroffen und

zu Boden geworfen. In anderen Chroniken ist von einem Dämon in Gestalt eines Affen oder eines Kindes die Rede, der dem Boten den Eintritt ins Schlafgemach verwehrt habe.

Auch im Krankenzimmer Alexanders, so wurde überliefert, hätten sieben Dämonen in Gestalt großer schwarzer Affen Wache gehalten. Einem der Kardinäle sei es gelungen, einen solchen Affen zu ergreifen. Der Papst hätte ihm jedoch befohlen, das Tier wieder freizulassen, da es doch der Teufel sei.

Anderen Gerüchten zufolge, die aus dem Vatikan sickerten, saßen Dirnen neben dem Totenbett des Papstes, und es hieß, seine Hände hätten sich im Todeskampf in ihre Brüste verkrampft.

Makaber und grausam wurde auch Alexanders Ende beschrieben: Gleich nach dem Eintritt des Todes – so die zahlreichen Legenden – habe sich der Körper des Papstes schrecklich verändert. Er habe richtig zu kochen begonnen. Wasser sei aus der Nase geflossen, und der Mund soll wie ein Kessel geschäumt haben. Daraufhin sei die Leiche unnatürlich angeschwollen und habe ihr menschliches Aussehen verloren. Die aus dem Mund hängende Zunge soll sich schwarz verfärbt haben, und schließlich habe sich die Farbe über den ganzen Leib ausgebreitet. Bereits in der ersten Nacht soll sich ein unerträglicher Verwesungsgeruch ausgebreitet haben: der Schwefelgestank der Hölle.

Darüber hinaus hätten riesige schwarze Hunde einen Höllenlärm gemacht. Das Spektakel soll selbst den in einer Seitenkapelle in lebenslänglicher Klausur eingemauerten Nonnen eine solche Angst eingejagt haben, daß sie aus ihrem freiwilligen Gefängnis geflohen seien.

Einer Hölleninszenierung glich auch Alexanders Begräbnis. Verschiedene Quellen berichten, niemand habe es mehr über sich bringen können, den aufgeschwollenen Leichnam zu berühren. Er sei so unmenschlich entstellt gewesen wie

die Körper der Verdammten, die auf mittelalterlichen Altartafeln von Teufeln in ihren Krallen gehalten werden.
Schließlich hätten die Totengräber eine Schnur an den Beinen der Leiche befestigt und sie zur Grabkapelle geschleppt. Dann habe man den Toten in einen engen Sarg gequetscht und ihn notdürftig in geweihter Erde verscharrt. Jetzt endlich sei Ruhe eingetreten.
Ein anderer Papst, der offen beschuldigt wurde, mit Hilfe eines Teufelspaktes den Thron erreicht zu haben, war Silvester II. (999–1003). Er hatte in der spanischen Hexenmeisterstadt Toledo bei arabischen Zauberern studiert und war ein berühmter Gelehrter: Humanist und Rhetor, Astronom und Philosoph, Naturwissenschaftler und Dichter, Gräzist und vor allem Mathematiker. Er kannte sich auch in den indischen Ziffern aus.
Sein ungeheures Wissen hob den französischen Pontifex über seine Zeit hinaus und sie lieferte auch den mystischen Hintergrund für viele Legenden: Er galt als das Urbild des Faust.
In Spanien, so erzählte man sich, habe er nicht nur gelernt, Himmelskugeln aus purpurfarbenem Leder zu fertigen, sondern auch Geisterfeuer zu machen, in denen die Seelen der Abgeschiedenen in zwar schwankenden, aber doch erkennbaren Umrissen zu sehen waren.
Eine andere Legende berichtet, der Papst habe große Geldsummen benötigt, um trotz des Paktes mit dem Teufel seine Macht behaupten zu können. Dank seines Wissens soll er es verstanden haben, sich die erforderlichen Mittel zu beschaffen. Mit der Hilfe eines Dämons. Der hauste im Kopf einer Statue und führte ihn zu einem großen unterirdischen Saal. Dort befanden sich kostbare Schätze, die von einer Schar böser Geister bewacht wurden. Aber der zauberkundige Papst wußte, wie man sie überlistete und sich ihrer Reichtümer bemächtigen konnte.

Auch das Ende Silvesters und die Sterbeszene wurden als grausiges Höllenspektakel dargestellt. Bemerkenswert ist, daß Stil und Idee später von den Verfassern der Borgia-Legende kopiert wurden und somit als Beweis dafür dienen können, daß beide Legenden offenbar einen gemeinsamen politischen Hintergrund hatten: Die römischen Barone haßten und fürchteten den französischen wie den spanischen Papst, und auch die kaiserliche Partei zögerte nicht, ihren Gegnern auf dem Papstthron das Kainsmal eines Ketzers auf die Stirn zu zeichnen.

Wie später der Borgia-Papst, so die Legende, wurde auch Silvester vom Satan getäuscht und war völlig unvorbereitet, als seine letzte Stunde schlug: Schon war das Lärmen der Dämonen deutlich zu hören. Doch ein Geistesblitz rettete den Papst vor der Fahrt in die Hölle.

In letzter Sekunde legte er ein Reuebekenntnis seiner Sünden ab und befahl, zuerst diejenigen seiner Glieder abzuschneiden, die den Teufel verehrt hatten. Darauf mußte sein übriger Leib zerschnitten werden, damit die Seele den Klauen der Dämonen entkommen konnte.

Der Teufel hatte zwar den kürzeren gezogen, doch er rächte sich für die Schlappe. Jahrhundertelang ließ er bei jeder Papstwahl seine Wut an den Gebeinen des unglücklichen Silvester aus und schüttelte sie in ihrem Grab wild durcheinander. Im Lateranpalast vernahm man dann jedesmal einen Höllenlärm und sah den Angstschweiß des Gepeinigten in Bächlein aus seiner Gruft herausfließen.

Als dem Teufel ergebene Päpste tauchen auch Johannes XII. (955–964) und Bonifatius VIII. in der ›Dämonen-Galerie‹ auf.

Der Chronist Liutprand von Cremona (eine der wichtigsten Quellen für die italienische Geschichte des 10. Jahrhunderts) bezichtigte bereits Johannes XII. sämtlicher Borgia-

Verbrechen: Sakrilegien, Giftmorde, Liebschaften mit »liederlichen Weibern«, Sexualvergehen, Sodomie.
Glaubt man Liutprand, dann war die Papstresidenz ein Bordell, und der Nachfolger Petris liebte es, die heilige Messe in seinem Pferdestall zu zelebrieren.
Mit derartigen Gruselgeschichten mußte sich auch der erste Borgia-Papst, Calixtus III. (1455–1458), ein Oheim von Alexander VI., befassen.
Von der Burg Peniscola fand er seinen Weg nach Rom. Dieser Hort der Gegenpäpste war im gesamten Mittelmeerraum als Geisterburg verrufen. Die Bewohner der umliegenden Gegend wußten allerlei Schauergeschichten von dem verwunschenen Ort zu berichten. Kein päpstlicher Gesandter wagte es, die Festung zu betreten.
Die Konzilien erklärten, daß die Gegenpäpste auf ihrem uneinnehmbaren Felsen Geisterbeschwörung und Schwarze Magie praktizierten. Papst Martin V.: (1417–1431) schrieb: »Wir haben vernommen, daß ... in der verdammten Synode von Peniscola ein Hort der Idole des Götzendienstes und der Schlechtigkeit, ein Seminar der Ketzerei besteht ...«
Erst der valencianische Prälat Alfonso de Borgia, der künftige Papst Calixtus III., beendete den Spuk. Er betrat die »verdammte Synode« und begegnete dort nur höchst gewöhnlichen Sterblichen.
Sein Erfolg überraschte nicht nur in Rom, sondern stellte auch eine persönliche Wende in seinem Leben dar: Mutig und engagiert trat er als einer der wenigen seiner Epoche gegen die Auswüchse des Hexenwahns ein.
Eine seiner ersten Maßnahmen: Er leitete die Rehabilitierung der Jungfrau von Orléans ein.

VII
Die Geschäfte im Namen des Herrn
Vetternwirtschaft, Ablaßverkäufe, Intrigen und Korruption

Die sechs Männer kamen im Schutz der Dunkelheit. Sie hatten ihre roten Hüte tief in die Stirn gezogen. Niemand sollte sie sehen oder gar erkennen, um später Zeugnis von ihrem geheimen Abkommen ablegen zu können. Sie betraten einen Raum, der von flackerndem Kerzenlicht erhellt wurde. In der Mitte stand ein langer, mit schwarzem Tuch bespannter Tisch. Darauf brannten Kerzen, zwischen denen ein Kruzifix lag.

Die Kardinäle wurden bereits erwartet. An der Stirnseite des Tisches saß ein Mann mit dunklem Gesicht. Der feurige Glanz seiner Augen verriet das heiße südländische Blut, das durch seine Adern strömte.

»Bitte meine Brüder, nehmt Platz«, begrüßte er sie und wies auf die kerzengeraden Stühle.

Stühlerücken, die Kardinäle setzten sich, und ihre Schatten erstarrten an den Wänden. Dann hefteten sich ihre Augen auf den Kandidaten. Er war der Reichste unter ihnen und verfügte über ein fürstliches Einkommen und ungeheuere Benefizienschätze.

Jetzt wollte der Mann noch höher hinaus, auf den Gipfel der Macht: In dieser Nacht wollte er zum Stellvertreter Gottes aufsteigen.

Das alles wußten die Kardinäle. Der Kandidat war auf ihre Hilfe angewiesen. Er brauchte ihre Wahlstimmen. Ohne ihr Votum konnte er nicht Papst werden.

Doch der Stuhl Petri hatte seinen Preis. Seit sie denken konnten, war es üblich, für Wahlstimmen spezielle materielle Begünstigungen zu verlangen: Ämter und Abteien, Bistümer und Burgen.

Die Kardinäle waren gespannt, welche Offerte ihnen der Kandidat unterbreiten würde. Ihre Augen ließen ihn nicht los. Es war ganz still im Raum. Dann räusperte sich ihr Gegenüber, und sein energischer, schmaler Mund verzog sich zu einem feinen Lächeln.

»Ich danke euch, daß ihr gekommen seid.«
Er ließ seinen Blick über die anwesenden Kirchenfürsten gleiten.
»Wie ihr wißt, handelt es sich um eine sehr delikate Angelegenheit.« Er zögerte kurz.
»Kann ich offen mit euch reden?«
Der dienstälteste Kardinal nickte.
»Bruder, du kannst offen mit uns reden.«
Seine Stimme klang so, als würde er einem Sünder Absolution erteilen.
Der Kandidat lächelte.
»Es geht um die Wahl.«
Seine dunklen Augen schienen jeden einzelnen von ihnen zu durchbohren.
»Ich brauche eure Stimmen.«
Die Kirchenfürsten blickten ihn erwartungsvoll an.
Der Kandidat hatte sich gut auf diesen Augenblick vorbereitet. Er wußte, was Wahlstimmen wert waren und wie man sie kaufen konnte.
Er begann seinen meisterhaft ausgearbeiteten Verteilungsplan vorzutragen. Jeder der anwesenden Priester sollte danach das von ihm Gewünschte und Genehme erhalten.
Als er mit seinen Ausführungen fertig war, herrschte einen Augenblick tiefes Schweigen.
Er blickte die Kardinäle an. Einen nach dem anderen. Der Kerzenschein huschte über ihre Gesichter. Er sah die Gier in ihren Augen. Da wußte er, daß er gewonnen hatte, jetzt konnte ihn nichts mehr aufhalten.
»Brüder, ihr seid also einverstanden?«
Die Kardinäle nickten.
»Ich will, daß ihr alle die Hand hebt zum Zeichen eures Einverständnisses.«
Die Kardinäle hoben die Hände.
»Es lebe der neue Papst! Es lebe die Kirche!«

Die Augen des Kandidaten begannen im Kerzenlicht zu leuchten.
»Dann wollen wir in Einigkeit auseinandergehen und einig zur Tat schreiten.«
Der Kandidat und die Kardinäle verließen den Raum und gingen in die Sixtinische Kapelle, wo sich in dieser Nacht dreiundzwanzig Kardinäle versammelten, um den neuen Papst zu wählen.
Der Vatikan glich einer Festung. Römischer Adel zu Pferd versperrte den Zugang. Im Fackelschein wartete das Volk gespannt auf den Ausgang des Konklaves.
Der Morgen begann bereits zu dämmern, als sich das Konklavefenster öffnete. Das Kreuz erschien, und in die Stille des anbrechenden Tages hinein wurde der Name des neuen Papstes gerufen.
Die Glocken begannen zu läuten. Das Volk stürmte zum Petersdom, um dem neuen Stellvertreter Gottes zu huldigen.
Die ersten Strahlen der Sonne fielen durch die Glasfenster, und ihr Licht spiegelte sich in den erwartungsvollen Mienen der Gläubigen, als der neue Papst durch ihre Reihen schritt.
Er blieb vor dem Hauptaltar stehen. Die Sonne schien ihm jetzt voll ins Gesicht. Sekundenlang schloß er die Augen.
So hatte er es sich erträumt, eines Tages hier zu stehen, wie auf dem Gipfel eines Berges, den man in der Morgenfrühe bezwingt, um den Sonnenaufgang zu erleben. Zu erleben, wie das glühende Auge der Sonne über den eisigen Rand des Horizonts steigt und ihn auf dem Gipfel ertastet.
In diesem Augenblick packte ihn ein riesenhafter Kardinal, hob ihn hoch und setzte ihn auf den Thron über dem Hauptaltar.
Er hörte, wie das Volk zu jubeln begann.
»Lang lebe der Papst!«
In den Jubel mischte sich das Sausen in seinem Kopf. Schwindel erfaßte ihn.

Jetzt war er ganz oben. Er hatte den Gipfel des Herrn erklommen…

*

Stimmenkauf, Ämterhandel, Vetternwirtschaft, Korruption sowie Millionengeschäfte mit Ablässen und heiligen Reliquien waren in der langen Geschichte der Päpste alltäglich. Viele der Stellvertreter Christi gingen im Namen des Herrn während des Konklaves ganz offen und schamlos im Kardinalskollegium auf Stimmenfang und erkauften sich die Tiara entweder mit barer Münze oder Ämtern, Besitztümern oder anderen Vergünstigungen.

Einer der Päpste, der mit Bestechungsgeldern und Wahlgeschenken an die Macht kam, war der spanische Kardinal Rodrigo Borgia. Die Geschichte seiner Wahl liest sich in den alten Chroniken wie ein kirchliches Possenstück.

Im Mai 1492 war der Stuhl Petri durch den Tod von Innozenz VIII. (1484–1492) vakant geworden. Die letzte Amtshandlung des sterbenskranken Papstes: Kurz vor seinem Ableben hatte er die heißersehnte Reliquie der Heiligen Lanze aus Konstantinopel von Sultan Bajazet als Geschenk erhalten, nun wollte er sie, von der Loggia der Peterskirche aus, dem versammelten Volk von Rom zeigen. Aber er besaß nicht mehr die Kraft, das schwere Reliquiar aus Bergkristall emporzuheben. Kardinal Rodrigo Borgia trat neben ihn und hielt es an seiner Stelle in hocherhobenen Händen, während der Heilige Vater den apostolischen Segen spendete. Wenig später starb er.

Am 6. Juli trat das Konklave zusammen, um einen neuen Papst zu wählen. Dreiundzwanzig Kardinäle feilschten um das höchste Kirchenamt. Neun davon waren Neffen verstorbener Päpste. Bis zum 10. Juli wurde dreimal abgestimmt. Ergebnislos, denn die italienischen Parteien im Kardinalskollegium hielten sich die Waage.

Die Hausmacht der römischen Familien repräsentierten die Kardinäle Orsini, Colonna, Conti und Savelli. Florenz hatte den erst siebzehnjährigen Giovanni Medici (den späteren Papst Leo X.) nach Rom geschickt. Die Mailänder wurden von den Kardinälen Sforza, Della Porta und Sclafenati vertreten.

Venedig wäre fast ins Hintertreffen geraten und war zunächst nur durch die Neffen Pauls II., Zeno und Michiel, präsent. Die Signora ließ deshalb in Eilmärschen den sechsundneunzigjährigen Patriarchen Gherardo nach Rom bringen. Aber beinahe wäre dem gelähmten und zittrigen Greis noch der Eintritt ins Konklave verweigert worden, denn der Senior unter den Kardinälen war von Innozenz VIII. zwar ernannt, aber nicht mehr verkündet worden.

Das also war die Ausgangssituation der Papstwahl des Jahres 1492. Die Italiener hatten die Mehrheit im Kardinalskollegium. An die Wahl des spanischen Kardinals Borja dachte zunächst niemand ernstlich.

Doch der ehrgeizige päpstliche Vizekanzler arbeitete mit unerhörtem Geschick für sich. Seine Pluspunkte: Er war nicht Italiener und stand also über dem italienischen Parteienhader. Er hatte keine Verbindungen zu den spanischen und französischen Königen, wie sie den Kardinälen Sforza und della Rovere vorgeworfen wurden. Er war viel älter als sie, die beide um die Dreißig waren. Im Falle seiner Wahl mußte keine übermäßig lange Papstregierung befürchtet werden.

Die Italiener begannen Wohlgefallen daran zu finden, daß dieser Spanier über keine eigene Hausmacht im Land verfügte und somit zur Hilflosigkeit verurteilt schien. Außerdem war da noch eine Schar von ›Bastardkindern‹, die ihm hinderlich sein konnten.

Andererseits galt er als einer der reichsten Kirchenfürsten. Er besaß eine unerschöpfliche Fülle von Benifizien. Jeder

Kardinal, der ihm seine Wahlstimme gab, konnte damit rechnen, reich belohnt zu werden.
Ihnen allen legte Rodrigo Borgia einen generalstabsmäßig ausgearbeiteten Plan vor: Die Verteilung seiner ungeheueren Benefizienschätze für den Fall seiner Wahl.
Er versprach Kardinal Ascanio Sforza seinen Posten als Vizekanzler mit der *Cancelleria* und ihrer ganzen Einrichtung. Dazu die Bistümer Eger und Erlau, die Kommende von Nepi mit der von ihm neugebauten Burg.
Dem aufs engste mit der neapolitanischen Partei verbundenen Kardinal Rinaldo Orsini offerierte er sein schönes spanisches Bistum Cartagena, die ständige Legation in den Marken, die Kommenden von Soriano und Monticelli bei Rom.
Kardinal Savelli bot er sein Bistum Mallorca an, das Archipresbyterium von S. Maria Maggiore in Rom und die Kommende von Civita Castellana.
Sein Bistum Pamplona im Königreich Navarra versprach er dem Genuesen Pallavicini, das Kardinalerzbistum Porto – das stets dem rangältesten Kardinal gebührt – dem Venezianer Michiel.
Auch die Sekretäre des greisen Patriarchen Gherardo von Venedig, so wurde in Rom gemunkelt, hielten die Hand auf und kassierten für die Stimme ihres Herrn Schmiergelder. Ebenso sollen auch alle übrigen Kardinäle durch reiche Abteien, Domstifte und andere Benefizien abgefunden worden sein.
Dieser Wahlschacher zahlte sich aus: Der Ausländer ohne machtpolitischen Anhang triumphierte über die Italiener. Geblendet von seinen Benefizienschätzen ernannten sie ihn im vierten und letzten Wahlgang in der Nacht zum 11. August 1492 zum 210. Pontifex der Kirchengeschichte – einstimmig.
Der Republikaner Infessura kommentierte das Wahlergeb-

nis süffisant mit den Worten: »Sofort nachdem Alexander VI. Papst geworden war, gab er den Armen alle seine Güter.«

Die Kardinäle konnten voll zufrieden sein, denn auch beim Volk fand ihre Wahl allgemeine Zustimmung. Vergessen war alle Rivalität. Von der sonst üblichen Angst, den Unruhen und Handstreichen nach einer Papstwahl konnte diesmal keine Rede sein.

Vergessen war auch die althergebrachte Feindschaft gegen alle Fremdherrschaft. Vergessen die Zeit, als die Römer den Palast des jungen Spaniers gestürmt und eine wahre Menschenjagd auf seine ›Katalanen‹ veranstaltet hatten.

Schon vor seiner Wahl hatte es der Spanier geschickt verstanden, sich mit ›Brot und Spielen‹ beim Volk beliebt zu machen: Er hatte spanische Kostüme und Feste eingeführt und den Römern sogar das Schauspiel eines Stierkampfes auf der Piazza Navona geboten.

Eine jubelnde Menge begrüßte den neuen Papst, als er vom Konklave in die Peterskirche hinabstieg. Am nächsten Abend wurde zu seinen Ehren auf dem Petersplatz ein prächtiger Fackelzug veranstaltet. Achthundert berittene Bürger nahmen daran teil. Überall in der Stadt brannten Freudenfeuer.

Für die Papstkrönung legte Rom sein schönstes Festgewand an. Die Straßen wurden mit Altären und Blumengirlanden geschmückt. Von den Triumphbögen blickte der spanische Borgia-Stier auf die Ewige Stadt herab. Der Wappenträger wurde in den höchsten Tönen gelobt:

> »Rom hat Caesar groß gemacht, nun hebt Alexander kühn es zum Gipfel empor – Mensch jener, dieser ein Gott!«

Kommentar eines Chronisten: »Nicht einmal Mark Anto-

Papst Leo X. mit seinen Kardinälen Luigi de Rossi und Giolo de Medici (Gemälde von Raffael, 1483–1520).

»Das Treiben in der Hölle« (Kupferstich von J. Scheible, 16. Jahrhundert).

Oben: Das ausschweifende Leben am Hofe des Papstes Leo X. (Kupferstich aus der Reformationszeit). *Unten:* Spottblatt auf das lasterhafte Leben im Kloster (holländischer Kupferstich, um 1580/90).

Links: Papst Hadrian VI. (Kupferstich von Daniel Hopfer, Anfang des 16. Jahrhunderts). *Rechts:* Papst Gregor VII. (Illustration von O. Knille).

Ein Mönch in Wolfsgestalt nimmt den Schafen die Beichte ab (satirisches Kupferstichmedaillon, 16. Jahrhundert).

Lukretia tanzt vor ihrem Vater Alexander VI. Borgia (Gemälde von Hermann Kaulbach).

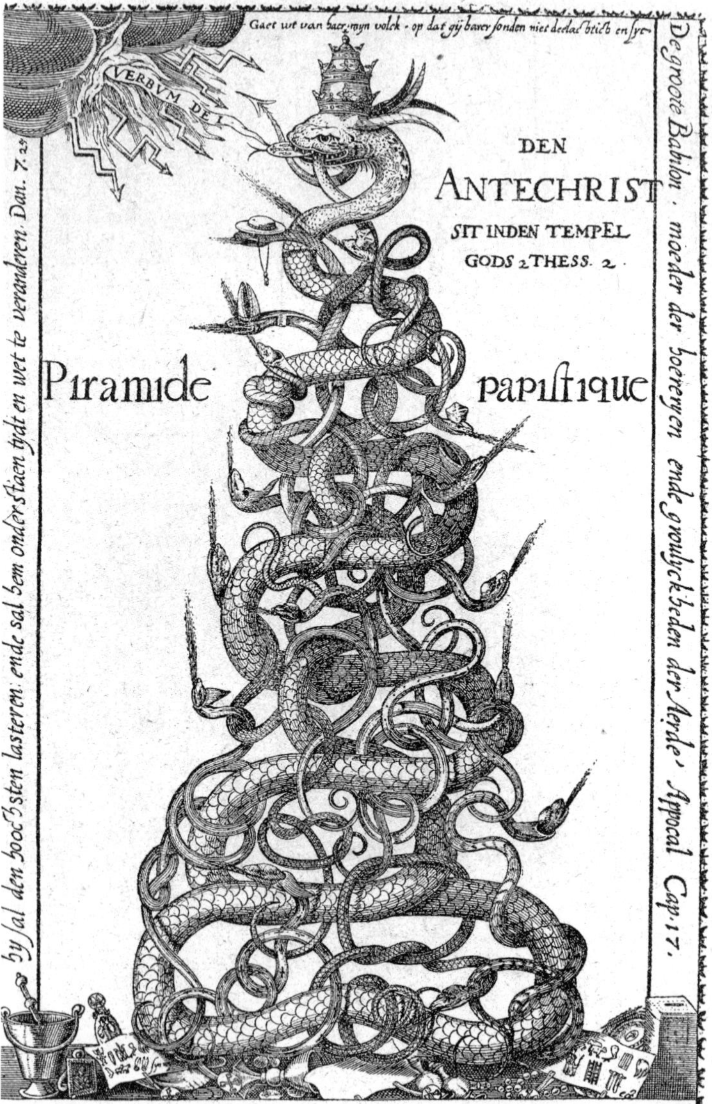

»Die papistische Pyramide«. Satirische Darstellung der kirchlichen Hierarchie mit dem Papst als Antichrist (holländischer Kupferstich, um 1580).

nius wurde von Kleopatra mit soviel Glanz empfangen wie Alexander VI.«

Ganz Rom war auf den Beinen, als der Borgia-Papst in den Morgenstunden des 26. August den Petersplatz an der Spitze der Prozession verließ. Der Krönungsritt sollte fast den ganzen Tag dauern.

Erst am späten Nachmittag erreichte der neue Papst S. Giovanni im Lateran. Als Seine Heiligkeit hier vom Pferd stieg, fiel er seinen Begleitern ohnmächtig in die Arme. Die langen Stunden in der Sommerhitze waren zuviel für ihn gewesen. Seine Helfer erfrischten ihn mit kühlem Wasser und führten ihn dann bis zur Cappella Sancta Sanctorum. Dort sollten die Zeremonien ihren Abschluß finden. Vor dem Altar der Kapelle brach Alexander erneut zusammen. Solche Ohnmachtsanfälle sollte er später immer wieder haben, wenn er besonders erregt war.

Schon in jüngeren Jahren hatte der Spanier einmal bei einer Papstwahl eine Schlüsselrolle gespielt. Im Konklave standen sich ausgerechnet der reichste und der ärmste Kardinal gegenüber: der Franzose d'Estouteville und der Italiener Piccolomini.

Favorit war Kardinal d'Estouteville. Er galt als reich und mächtig. Seine Wahl hätte eine große Zahl der schönsten Benefizien freigemacht. Er sparte auch nicht mit Versprechungen, um sich die Stimmenmehrheit zu sichern.

Doch im Konklave stieß der aussichtsreiche Kandidat auf unerwartetes Mißtrauen. Die italienischen Kardinäle fürchteten seine Macht und seine französische Nationalität. Außerdem tauchte mit einem ausländischen Papst das Schreckgespenst eines neuerlichen Exils der Kurie in Avignon auf.

Nach dem reichsten bewarb sich dann unvermutet der ärmste der im Konklave eingeschlossenen Kardinäle um den Stuhl Petri: Enea Silvio de Piccolomini.

Aber auch gegen ihn gab es mancherlei Bedenken: Er hatte eine bewegte Vergangenheit, und zudem trug er erst seit kurzer Zeit den roten Hut.
Er mußte alle Überredungskünste anwenden, um die Zweifelnden für sich zu gewinnen. Auch Rodrigo Borgia war zunächst gegen seine Kandidatur.
Piccolomini erzählte später, er habe den jungen Borgia umgestimmt, indem er ihn einen »jungen Esel« und »unerfahrenen Knaben« genannt habe.
Schließlich kam es zur geheimen Abstimmung, die jedoch mit einem Patt zwischen dem reichsten und ärmsten Kardinal endete.
Jetzt mußte die Entscheidung durch den sogenannten *Accesso* herbeigeführt werden: Bei diesem Wahlverfahren muß jeder Kardinal vor aller Augen an die Seite des von ihm gewählten Kandidaten treten.
Im Konklavesaal trat Stille ein. Die Kardinäle blickten sich schweigend an. Jeder wartete darauf, daß der erste unter ihnen aufstand und Farbe bekannte.
Aber der *Accesso* schien undurchführbar. Niemand erhob sich. Keiner der Kardinäle wollte es offenbar riskieren, sich lächerlich zu machen und hinterher neben dem unterlegenen und im voraus verhaßten Kandidaten zu stehen.
Die Stille im Konklave wurde beklemmend. Wer würde den ersten Schritt tun?
Plötzlich stand Rodrigo Borgia auf und trat neben Piccolomini.
»Ich bin für den Kardinal von Siena.«
Dieser Schritt sicherte nicht nur die Wahl Piccolominis als Pius II. (1458–1464), sondern zahlte sich auch für Rodrigo aus. Pius belohnte den getreuen Wahlhelfer reichlich: Er setzte dessen endgültige Anerkennung als Bischof von Valencia durch und bestätigte ihn in allen seinen Ämtern und Würden. Als besondere Belohnung gestattete er ihm sogar,

die große Erbschaft seines Bruders Pedro Luis anzutreten.
Der Klüngel mit den Pfründen im Vorfeld der Papstwahlen war natürlich keine Erfindung von Pius II. Die Benifizien waren bereits eine jahrhundertealte Tradition.
Dabei ging es den neugewählten Päpsten nicht nur darum, ihre Kardinäle mit den entsprechenden finanziellen Polstern auszustatten, sondern es ging auch um deren politische Macht. Mit den päpstlichen Ämtern, die vom Pontifex verschachert wurden, war nämlich oft auch weltlicher Einfluß verbunden. So bestimmten die Kardinäle nicht nur über Abteien und Klöster, sondern auch über Herzogtümer und Grafschaften.
Der erste Papst, der durch die Praxis des Ämterhandels berühmt wurde, war Sergius II. (844–847). Er weihte zunächst seinen eigenen Bruder zum Bischof, der von den Chronisten »verbrecherischer Machenschaften« beschuldigt wird. Darüber hinaus benutzte der Papst seine Macht im Vatikan, um einen blühenden Handel mit Kirchengütern zu treiben. Sergius schreckte nicht davor zurück, ganze Bistümer zu verkaufen, und gilt als der Urvater der Simonie, des Ämterhandels.
Viele seiner Nachfolger nahmen sich an ihm ein Beispiel. Natürlich waren die durch Simonie zustande gekommenen Verträge kirchenrechtlich eigentlich ungültig. Aber im Laufe der Jahrhunderte wurden sie allgemeine Praxis.
Benedikt IX. (1047–1048) trieb dieses System auf die Spitze. Über ihn berichtet Desiderius von Montecassino, der spätere Papst Viktor III. (1086–1087), er habe die »entrechtete Stadt Rom« nicht nur mit Gewalt beherrscht, sondern auch das ausschweifende Leben eines Paschas geführt. Das kostete natürlich Geld.
Benedikt, aus dem Geschlecht der Tusculaner stammend, bestieg den Stuhl Petri gleich dreimal: Zum ersten Mal wurde er im jugendlichen Alter im Jahre 1033 von seinem

eigenen Vater, Alberich III., und mit Hilfe Kaiser Konrads II. zum Papst bestimmt. Ende 1044 wurde er aus Rom vertrieben, wo man Bischof Johannes von Sabina als Silvester III. zum Gegenpapst wählte. Doch schon im März 1045 gelang es Benedikt IX., ihn zu entmachten und auf den Stuhl Petri zurückzukehren. Aber noch im gleichen Jahr verkaufte der »lasterhafte Jüngling« die Tiara gewinnbringend. Stolze Ablösesumme: Tausend Pfund Silber. Natürlich blieb das höchste Kirchenamt in der Familie. Nachfolger wurde sein eigener Taufpate Johannes Gratianus, der unter dem Namen Gregor VI. für zwei Jahre (1045–1046) als Oberhaupt der katholischen Kirche geduldet wurde. Dann holte sich Benedikt den Stuhl Petri zurück. Bis zum Jahre 1048, so berichten die Chronisten, führte er »das Papsttum durch seine Machenschaften an den Rand des Tragbaren«.
Aber nicht nur die Päpste und Kardinäle versuchten aus jedem Machtwechsel im Lateran Profit zu ziehen. Auch die einfachen Römer schlossen vor jeder Wahl wie beim Glücksspiel hohe Wetten ab.
Die wohl ausgefallenste Wette des Jahres 1521, so berichtet Aretino, bot die Kurtisane Matrema non vole (Meine Mutter will es nicht) an. Schon ihr Name wies auf ihr Gewerbe hin, und bereits ihre Mutter verdiente das Geld auf der Straße.
Matrema zog wegen ihrer Schönheit schon früh die Blicke der Männer auf sich. Aber immer, wenn sie ihr zu nahe kamen, rief sie: »Meine Mutter will es nicht…« Auch wenn sie später nicht mehr als Unschuldsengel auftrat, ihren ›Künstlernamen‹ behielt sie bei.
Sie war eine vielbeschäftigte Kurtisane, verkehrte in den höchsten Kirchenkreisen und hatte ein Verhältnis mit Kardinal Campeggi, dem Bischof von Bologna. Das berichtet jedenfalls Sanudo in seinen Aufzeichnungen.
Als Leo X., seit 1513 auf dem Heiligen Stuhl, am 1. Dezem-

ber 1521 überraschend starb, entbrannte der Streit der einflußreichen Familien, wer sein Nachfolger werden sollte. Der Widerstand gegen einen weiteren Medici-Papst war groß. Die Entscheidung im Konklave zog sich in die Länge, und die Römer ließen sich die Gelegenheit nicht nehmen, immer höhere Wetten abzuschließen.
Da konnte auch Matrema nicht widerstehen. Sie ließ im römischen Handelszentrum Banchi als Bekanntmachung anschlagen:

> »Signora Matrema non vole, Kurtisane, wohnhaft in der Nähe der Torre Sanguigna, wird gern mit dem Mann schlafen und sich bereitwillig zu seiner Lust und Kurzweil zur Verfügung halten, der ihr als Sicherheit 100 Dukaten geben will für den Fall, daß der Kardinal, den sie vor der Wahl nennt, Papst wird. Wird er es nicht, wird sie ohne Bezahlung drei Nächte mit dem Mann schlafen, der die Wette eingeht.«

Ob jemand die Dirnen-Wette annahm, ist nicht überliefert. Der Wahlausgang dürfte jedoch für Matrema eine unangenehme Überraschung gewesen sein. Denn der neue Papst kam aus Utrecht und war der sittenstrenge Hadrian VI.
Er hatte zunächst noch an den Folgen der Regentschaft Leo X. zu tragen. Dieser hinterließ ihm einen riesigen Schuldenberg. Leo, ein Renaissance-Papst im besten Sinne des Wortes, hatte es geschafft, auf die Rekordausgabe von viereinhalb Millionen Dukaten zu kommen.
Eine unvorstellbare Summe, wenn man bedenkt, daß ein Haus in Rom für hundert Dukaten zu haben war. Leo X. hatte den Haushalt seines Vorgängers Julius II. von achtundvierzigtausend Dukaten im folgenden Jahr gleich auf das Doppelte hochgeschraubt.
Mit allen Tricks versuchte er, das Defizit in den Kassen aus-

zugleichen. So wollte er beispielsweise die Salzsteuer erhöhen (Salz war eines der wichtigsten Handelsgüter). Aber er hatte seine Macht überschätzt und scheiterte am Widerstand der Kaufleute.

Notgedrungen mußte Leo X. Riesensummen leihen, um sein aufwendiges Leben zu finanzieren. Die Zinsen seiner Anleihen bei den reichen Bankiers betrugen bis zu vierzig Prozent und trieben den Vatikan in den Ruin.

Zu guter Letzt wurde alles verkauft, was den Heiligen Stuhl umgab und nicht niet- und nagelfest war: Wertvolle Teppiche wurden verpfändet, das Silber und die berühmten Apostelstatuen gingen in den Besitz reicher Sammler und Liebhaber aus Adelskreisen.

Aber es kam noch schlimmer: Beim Tod des Papstes waren die Schulden beim Bankhaus Bini auf zweihunderttausend Dukaten angewachsen. Der Bankiersfamilie Strozzi drohte der Bankrott, da Seine Heiligkeit nicht zahlen konnte. Selbst Kardinäle, Günstlinge und Diener standen vor dem finanziellen Ende, denn auch sie hatten dem Papst Geld geliehen und hafteten mit ihren Pfründen.

Leo X. war kein Einzelfall. Nach dem Tod vieler Päpste wurden die Gemächer im Vatikan vom Volk geplündert, die Nachfolger erst einmal zur Kasse gebeten.

Innozenz VI. (1243–1254) war kaum in den Vatikan eingezogen, da rannten ihm die Gläubiger schon die Türen ein. Sein Vorgänger aus dem Hause Orsini hatte bei den römischen Kaufleuten vierzigtausend Mark Schulden gemacht. Der Papst wurde tagelang von Gläubigern und Händlern in der Aula umlagert. Sie forderten lautstark, Seine Eminenz solle endlich die Schulden bezahlen.

Erst wenn diese Schwierigkeiten von den Nachfolgern der verstorbenen Päpste gemeistert waren, konnte man darangehen, die Macht zu festigen. Zunächst wurde die eigene Familie mit kirchlichen Ämtern versorgt. Von seinen Kindern,

Neffen und anderen Verwandten – also den Nepoten – konnte ein Papst am ehesten erwarten, daß sie ihm die Treue hielten.
Diesen Nepotismus entwickelte Sixtus IV. (1471–1484) zur Perfektion. Er übertraf alle seine Vorgänger. Schon in den ersten sechs Monaten seiner Regentschaft machte er drei Neffen zu Kardinälen.
Sixtus hatte insgesamt neun Nepoten, wovon sechs zu Kardinälen ernannt wurden, die anderen zu Herzögen und Grafen. Die Pfründe, die der Papst dabei verteilte, hätten zusammen ein stattliches Herzogtum ergeben.
Gipfel der Vetternwirtschaft: Seinem Nepoten Pietro Riario vermachte er insgesamt fünf Bistümer, das Patriarchat von Konstantinopel und die bedeutende Abtei S. Ambrogio in Mailand. Das brachte ihm die runde Summe von sechzigtausend Golddukaten ein – im Jahr, versteht sich.
Aber nicht nur die eigene Familie wurde mit Posten und Ämtern versorgt. Auch andere Günstlinge, wie Künstler, erhielten wichtige Funktionen im Vatikan, die ihnen hohe Gebühreneinkünfte garantierten.
Innozenz VIII. baute den lukrativen Stellenmarkt weiter aus. Jedermann konnte bei ihm eine hochdotierte Position kaufen. Besonders gefragt waren der *Secretarius Domesticus* oder der *Secretarius Intimus*. Der Papst setzte gleich sechsundzwanzig Sekretäre ein und kassierte.
Außerdem stellte er zweiundfünfzig *Plumbatores* ein. Sie waren für das Anbringen der päpstlichen Siegel und Urkunden zuständig und erhoben dafür Gebühren. Ebenfalls zuständig waren sie für die Edikte und Dekrete der Päpste, die Bullen. Die kunstvollen Schriftstücke wurden mit runden Bleikugeln versiegelt, die an dünnen seidenen und hänfernen Schnüren hingen.
Das florierende Geschäft mit den Urkunden öffnete der Schwarzarbeit Tür und Tor. Die eine oder andere Urkunde

wurde unter der Hand ohne Wissen des Papstes angefertigt und verkauft: Ein ›Kardinalsverbrechen‹.

1489 ließ Innozenz VIII. zwei Sekretäre aufhängen, die Urkunden gefälscht hatten. Der spätere Papst Paul IV. (1555–1559) soll in der Engelsburg in seiner Jugend sogar im Gefängnis eingesessen haben, weil er ein Borgia-Dokument gefälscht hatte.

Mit der Geschäftsmoral nahmen es die Nepoten des Papstes, seine Günstlinge und auch er selbst nicht so genau. Hauptsache war, das Geld floß.

Ein exotisches Beispiel ist das Schicksal des türkischen Sultanssohn Dschem, dessen freiwillige ›Gefangenschaft‹ im Vatikan Innozenz VIII. steinreich machte.

Dschem war vor seinem Bruder Bajasid II. geflohen und hatte sich in die Obhut der Johanniter begeben. Diese gewährten ihm zunächst auf Rhodos Exil, später am Sitz des Großmeisters, des Ordens in Frankreich. Schließlich erreichte der Papst seine Auslieferung, und der Sultanssohn kam schließlich nach Rom, um beim obersten Hirten der Christenheit Schutz zu finden.

Den Einzug des Prinzen Dschem in die Ewige Stadt beschrieben die Chronisten wie ein Märchen aus Tausendundeine Nacht. Die Pracht seines Hofstaates war dem des obersten Kirchenfürsten nahezu ebenbürtig.

Auch die Statur des Prinzen aus dem Morgenland erschien den Römern gigantisch. Der Maler Mantegna sagte, Dschem gehe wegen seines Gewichts »wie ein Elefant«. Der Turban des ›Gran turco‹ bestand aus dreißig Ellen feinen Tuches.

Dem Papst gegenüber zeigte der Orientale, der von den Kardinälen prunkvoll empfangen worden war, keine Berührungsängste, geschweige denn Ehrfurcht. Er umarmte den Heiligen Vater, und sein Hofstaat nahm vor Innozenz respektlos im Schneidersitz Platz, berichtete Zeremonienmeister Burchard.

Der Papst machte mit Dschem das Geschäft seines Lebens. Vom Sultan erhielt er fünfundvierzigtausend Golddukaten im Jahr, ein Viertel seiner Gesamteinkünfte, um Dschem im Vatikan festzuhalten und seine Heimkehr zu verhindern, da Bajasid II. ihn als Nebenbuhler fürchtete.
Für Dschem war die Zeit in Rom angenehm. Der Papst sorgte dafür, daß es seinem Gast an nichts fehlte. Er konnte mit den Kardinälen auf die Jagd gehen, ritt mit ihnen und seinem türkischen Gefolge aus.
Aber er lebte in der ständigen Angst vor den Häschern seines Bruders. So ließ er jedes Schreiben von Bajasid durch dessen Botschafter ablecken. Er wollte sichergehen, daß die Briefe nicht mit Gift präpariert waren.
Der Papst hütete seinen Gast wie ein Juwel. Er war nur so lange eine sichere Einnahmequelle, wie er lebte und sein Bruder zahlte. Über die regelmäßigen Jahreseinkünfte hinaus, erpreßte Innozenz VIII. vom Sultan auch noch eine Reliquie: die Spitze der ›Heiligen Lanze‹.
Der Heilige Vater kassierte, setzte aber sein Ansehen bei den Römern aufs Spiel. Sie spotteten darüber, daß ein Sultan und ein Papst nebeneinander im Vatikan Hof hielten.
Nicht jeder Papst verfügte über eine solche Einnahmequelle. Die finanziellen Verpflichtungen waren enorm. Die chronische Geldnot der Oberhirten fing meist schon an, wenn die Pfründe für die Wahl verteilt, die Schulden der Vorgänger beglichen waren. Die Förderung der Kunst, die Gunst der weltlichen Herrscher, der aufwendige Hofstaat, nicht zuletzt die Mätressen und Kurtisanen, die Kinder und ›Bastarde‹, all das wollte finanziert und unterhalten werden.
Schon im 9. Jahrhundert wurden die Päpste aufgrund ihrer ständigen Geldschwierigkeiten erfinderisch. Reliquienhandel war die Zauberformel, die sie sanierte.
Es war die Zeit der römischen Pornokratie, als die Christenheit von einer makaberen Sucht befallen wurde: Jeder sam-

melte heilige Leichenteile. Aus diesem Bedürfnis machten die Diener Gottes, aber auch die Römer eine wahre Industrie. Sie lieferten Heilige und alles, was dazugehörte. Vom Menschenknochen bis zum Heiligenbildchen, vom wertvollen Gemälde aus den Katakomben bis hin zu heiligen Gefäßen wurde alles verscherbelt.

Die Wächter auf den Friedhöfen waren nachts nicht mehr sicher vor Überfällen, denn es war – die Zeit hatte ein seltsames Rechtsverständnis – keine Schande, heilige Leichen zu stehlen. Also wurden die Friedhöfe geplündert.

Im Jahre 827 stahlen die Franken die Reste der heiligen Märtyrer Marcellinus und Petrus, 849 raubte ein Kleriker aus Reims Gebeine, die angeblich die von Helena, der Mutter Kaiser Konstantins, sein sollten.

Die Nachfragen nach heiligen Leichnamen kamen aus aller Welt und waren kaum zu erfüllen. Doch clevere Händler ließen sich viele Tricks einfallen, um den Nachschub zu organisieren und ›Heilige‹ an den Mann zu bringen: So mancher Leichnam bewirkte, entsprechend inszeniert, schon während des Abtransportes ›Wunder‹.

Auch die Päpste gaben zu dem schnellen Geschäft ihr Plazet, denn sie verdienten fleißig mit. Nachts wurden prunkvolle Umzüge mit Priestern veranstaltet, und Fackelzüge begleiteten Leichen aus der Stadt.

Außerdem regierten die Kirchenoberhäupter in dieser Zeit nach dem Motto: »Ein sattes Volk revoltiert nicht.« Ständig mußten sie im 9. und 10. Jahrhundert damit rechnen, von einer der mächtigen Familien Roms aus der heiligen Stadt vertrieben zu werden.

Neben dem einträglichen Reliquienhandel entdeckten die Herrscher im Vatikan – fast durch Zufall – noch ein anderes Geschäft: den Religionstourismus. Es kamen immer mehr Pilger nach Rom. Ziel dieser Fahrten war die *Confessio* im Lateran, das Bekennergrabmal des heiligen Petrus.

Hier wurden Schenkungen niedergelegt, die für die Päpste eine wichtige Einnahmequelle darstellten. Vom Kaiser über den Adel bis hin zum kleinen Mann und Bettler pilgerten die gläubigen Christen nach Rom wie die Anhänger des Islam nach Mekka.

Ein Papst, der die Pilger bis aufs Hemd ausbeutete, war Benedikt IX. (1032–1044). Seine Sünden wurden vor allem von Papst Viktor III. (1086–1087) angeprangert. Demzufolge vergaß Benedikt jede christliche Nächstenliebe: Er raubte die Pilger auf dem Weg zu den heiligen Stätten aus.

Richtig in Schwung kam das Pilgergeschäft erst durch Bonifatius VIII. zu Beginn des 14. Jahrhunderts. Er versprach den Ablaß von den begangenen Sünden.

Die Idee ist uralt. Schon die alten Ägypter kannten das ›Seelengericht‹, die Angst, nach dem Tod für alle Sünden bestraft zu werden. Die Schreiber der hohen Priester verkauften Urkunden mit günstigen Urteilssprüchen, die die Erlangung des Seelenheils erleichterten.

Was den Ägyptern, aber auch den Hebräern recht, schien Bonifatius VIII. für die Christenheit billig. Er führte die Tradition der Jubeljahre ein. In diesen Jahren konnten durch eine Pilgerreise nach Rom ein Ablaß erteilt und alle Sünden vergeben werden. Am 22. Februar 1300 beschloß der Stellvertreter Christi in seiner ›Jubelbulle‹ den völligen Sündenerlaß beim Besuch der Basiliken Peter und Paul in Rom.

Der Ansturm war unvorstellbar.

Täglich belagerten zweihunderttausend Büßer die Ewige Stadt. Die Herbergen quollen über. Täglich pilgerten dreißigtausend zu den heiligen Stätten. Die Brücken über den Tiber mußten verbreitert werden, um die Massen zu bewältigen. Die Geschäfte blühten.

So wurde das Jubeljahr zum Goldjahr für die Römer und natürlich auch für den Papst. Bonifatius schien für alle Christen den Schlüssel zum Paradies gefunden zu haben.

Jeder Verbrecher konnte Erlösung finden. Ob Kindermörder oder Blutschänder, es genügten der Weg nach Rom und ein entsprechendes Begleitschreiben des Bischofs. In diesen ›Reisepässen‹ wurden die Regeln festgeschrieben, nach denen sich die Büßer zu richten hatten.

So kam es durch die Auflagen der Bischöfe zu kuriosen Prozessionen: Halbnackt, in Ketten geschlagen, einen eisernen Büßerring um den Hals, wanderten Mörder und Schwerverbrecher durch ganz Europa. »Die Geschichte der Pilgerfahrten ist zugleich die Kriminalgeschichte der Zeit«, sagen die Historiker.

Unterwegs mußten die Pilger ihre ›Passierscheine‹ von Äbten und Bischöfen abstempeln lassen, dafür genossen sie Schutz und Bewirtung. Von dieser Praxis profitierten Scharlatane und Betrüger, die mit gefälschten Büßerausweisen und vorgetäuschten Wundern Priester und Mönche prellten. ›Blinde‹ lernten wieder sehen, ›Taubstumme‹ wurden von ihrem Leid geheilt.

Mit Hilfe der Pilgerfahrten konnte Bonifatius VIII. seine unersättliche Geldgier stillen. Sein Hochmut und seine krankhafte Eitelkeit waren schon bei seinen Zeitgenossen sprichwörtlich. Im heiligen Jahr kostümierte er sich wiederholt als Kaiser und rief aus: »Ich bin Caesar, ich bin Imperator!«

Der ›Imperator‹ konnte sich jedoch nicht einmal ein Jahrzehnt lang auf dem Stuhl Petri halten. Er starb entmachtet und verarmt wie viele, denen er die Sünden erlassen hatte.

Die Renaissance-Päpste trieben den Ablaßhandel auf die Spitze, indem sie es ermöglichten, daß die Sünden jetzt direkt vor Ort in den Bistümern vergeben werden konnten. Eine Pilgerfahrt nach Rom war nicht mehr vonnöten.

Berühmtestes Beispiel für diese Methode sind die Geschäfte des Erzbischofs Albrecht von Magdeburg und Mainz. Er hatte beim Bankhaus Fugger einen Kredit von vierundzwanzigtausend Dukaten aufgenommen, um damit sein

Bistum beim Papst zu bezahlen. Der Pontifex gestattete seinem geschäftstüchtigen Kirchendiener einen schwunghaften Handel mit dem Sündenerlaß, um seine Schulden zu tilgen. Unter einer Bedingung: Eine Hälfte des Erlöses für den Bischof, die andere Hälfte für den Bau von St. Peter in Rom. Daraufhin beauftragte der Erzbischof seinen Gehilfen, den Dominikaner Tetzel, die Werbetrommel für einen einzigartigen Ablaß zu rühren. Dieser versprach dem Käufer, daß er die Unschuld und Reinheit zurückerlangt, die er bei der Taufe besaß, »so daß wenn ihr [die Käufer] sterbt, die Tore der Strafe geschlossen und die Tore des Paradieses der Freude euch geöffnet werden«.
Die Gläubigen strömten aus der ganzen Umgebung des Bistums nach Mainz, um die einzigartige Gelegenheit beim Schopfe zu packen. Die Begeisterung war groß, zumal auf dem Ablaßzettel der sonst übliche Zusatz fehlte, wonach dem Büßer nur »mit reuigem Herzen und beichtendem Munde« vergeben werde.
Solche Praktiken waren natürlich Wasser auf die Mühlen der Reformation. Schon der Humanist Erasmus von Rotterdam hatte die Kommerzialisierung der göttlichen Vergebung in seinem »Lob der Torheit« angeprangert:

> »Was wollen wir von jenen sagen, die sich einem glücklichen Wahn hingeben, mit falschen Verzeihungen ihrer Sünden? Das Leben der Christen überall weist solchen Unsinn in Fülle auf. Die Priester gestatten solche Dinge und fördern sie sogar. Sie wissen, daß sie viel Gewinn bringen.«

Die kirchlichen ›Persilscheine‹ aus Mainz inspirierten die Künstler der Zeit zu ironischen Darstellungen. So zeichnete Holbein die damaligen Verhältnisse aus seiner Sicht. Er zeigte einen Koffer, der die Einnahmen des ehrenwerten Bischofs als riesengroße Sparbüchse mit Schlitz in sich aufnahm. Zur Spardose gab es vier Schlüssel. Einer von ihnen gehörte dem Bankhaus Fugger, ein anderer dem Papst.

VIII
Die Mörder auf dem Stuhle Petri
Herrschaft mit Folter, Dolch und Gift

Die Totengräber kamen im ersten Licht des anbrechenden Tages. Als sie an das Grab traten, verharrten sie einen Augenblick schweigend.
Sie waren rauhe Zeiten gewöhnt und verbrachten jeden Tag inmitten der kalten und gefühllosen Welt der Toten. Doch an diesem Morgen sollten sie einen Auftrag ausführen, der selbst in ihrer Gilde aus dem Rahmen fiel: Sie sollten einen Toten ausgraben, dem der Papst den Prozeß machen wollte.
Der Mann, der in der Gruft ruhte, war kein gewöhnlicher Sterblicher. Einst hatte er geschworen, nach keiner geistlichen Würde zu streben und Rom zu meiden. Doch wie schon so mancher Priester vor ihm, hatte er sein Gelübde nicht gehalten. Er hatte sich zum Papst weihen lassen und wie seine Vorgänger im Vatikan Hof gehalten.
Fünf Jahre lang hatte er die Tiara getragen, aber seine Schwäche war so groß gewesen wie seine Unbescholtenheit.
Daran mußten die Männer denken, während sie vor der Gruft standen.
Stille herrschte.
Sie wußten, daß es eine trügerische und gefährliche Ruhe war. Ein Frieden, der täuschte. Denn viele Päpste hatten ihren Thron nur über Leichen erreicht. Ihre Sünden hatten den Vatikan an den Rand des Abgrunds getrieben und die Engelsburg zu einem Hort des Bösen gemacht.
Mit Folter, Dolch und Gift räumten sie ihre Vorgänger aus dem Weg. Kaum ein Papst starb in dieser Zeit eines natürlichen Todes. Und selbst die Toten waren vor der Rache ihrer Nachfolger nicht sicher.
Die Männer starrten auf die Gruft. Vor neun Monaten war hier der Heilige Vater christlich begraben worden. Jetzt sollten sie ihn aus dem ewigen Dunkel reißen. Auf Befehl seines Nachfolgers.
Dabei war der neue Papst ein Günstling seines Vorgängers gewesen. Er war von ihm protegiert und zum Bischof geweiht

worden. Jetzt, wo er selbst auf dem Stuhl Petri saß, trat er als Richter auf, erhob schwere Anklagen gegen den Toten.
Da er den Lebenden nicht mehr hatte verurteilen können, hatte er befohlen, den Verstorbenen auszugraben. Nachträglich sollte ihm in aller Form vor der Synode der Prozeß gemacht werden.
Das Licht der aufgehenden Sonne blendete jetzt die Männer und färbte ihre Stirnen, Nasen und Hände.
»Nun, worauf wartet ihr noch!« war die Stimme ihres Auftraggebers zu vernehmen. »Oder habt ihr etwa Angst vor einem Toten?«
»Gott möge uns vergeben«, murmelte einer der Männer.
Dann begannen sie mit ihrer Arbeit. Eine Weile waren nur ihre Atemzüge und das Kratzen und Schürfen der Schaufeln und Hacken zu hören.
Schließlich hatten sie das Grab freigelegt. Ein übler Geruch erfüllte plötzlich die Luft. Es war, als hätten sie die Tür zu einem stinkenden Raum aufgestoßen.
Die Männer preßten sich Tücher vor Mund und Nase und starrten auf die schon stark verweste Leiche des Stellvertreters Christi.
Der Schädel war kahl. Dort, wo sich einst Augen, Nase und Mund befunden hatten, klafften jetzt dunkle, tiefe Löcher. Die Lippen existierten nicht mehr. Hier bleckten jetzt schwärzliche Zähne, spitz wie die eines Hundes.
»Was soll jetzt geschehen?« fragte einer der Männer.
»Zieht dem Toten die päpstlichen Gewänder an.«
Die Männer zögerten einen Augenblick. Ihre Glieder zitterten jetzt wie unter einem eisigen Winterregen.
Ihr Auftraggeber hob einen Finger, als wollte er sie warnen: »Der Tote hat gesündigt. Er ist es nicht länger wert, ein Sohn des Himmels genannt zu werden. Bringt ihn in den Lateran, damit der Papst über ihn Gericht halten kann.«
Jetzt zögerten die Männer nicht länger und begannen, die

Leiche in die päpstlichen Gewänder zu hüllen. Dann trugen sie den Toten in einen Saal des Lateranpalastes, wo sich die obersten Kirchenführer versammelt hatten.

Der Papst trug ein herrliches Purpurgewand, durchwoben mit goldenen Litzen und Spitzen. Die Tiara auf seinem Haupt war reich mit Edelsteinen geschmückt. Seine Augen blickten streng und erhaben.

»Setzt den Toten auf den Thron!« befahl er. Dann hob er die Rechte zu einer drohenden Geste und wies auf den Angeklagten.

»Wenn Gott unserer Kirche einen Auftrag gegeben hat, so ist es der, sich den Sündern entgegenzustemmen, den Schatz der christlichen Welt zu wahren und Gottes Wort zu hüten, wie er es den Propheten und den Aposteln offenbarte. Der Angeklagte aber hat das große und heilige Werk verraten. Deshalb forderte ich, daß seine Wahl und alle seine geistlichen Handlungen für ungültig erklärt werden.«

Die Augen des Papstes glitten funkelnd über die versammelten Kardinäle, die seinen Worten andächtig gelauscht hatten.

»Zur Strafe sollen dem Angeklagten die Segensfinger der rechten Hand abgehackt werden. Dann verscharre man ihn auf dem Gottesacker der Fremden ...«

*

Diese Horror-Inszenierung ist das makaberste Kapitel in der langen Geschichte des Papsttums, und die Historiker erfanden dafür die Bezeichnung ›Leichensynode‹.

Einig sind sich die Kirchenforscher auch in ihrem Urteil über den Hauptakteur: Papst Stephan VI. (896–897), der seinen Vorgänger Formosus (891–896) ausgraben ließ und dem Toten den Prozeß machte, wird von ihnen als »pathologisches Ungeheuer« und »pervertiertes Scheusal« eingestuft.

Die wenigen und dürftigen Quellen haben es den Historikern allerdings bis heute erschwert, die politischen und persönlichen wie die legendären Hintergründe der Greuelszene aufzuklären. Während die einen vermuten, es handele sich um eine »Teufelsbeschwörung, einen Exorzismus grausamster Art«, glauben die anderen, daß Stefan VI. »aus persönlicher Rache« handelte.
Die Anhänger der Exorzismus-Theorie argumentieren, daß Stefan VI. die ›Leichensynode‹ abhielt, um sich von seiner »Furcht vor den schwarzen Magien Formosus« zu befreien. Wer die Leiche auf den Papstthron setzte und über sie Gericht hielt, mußte überzeugt sein, einzig auf diese Weise das Papsttum aus der »Gewalt der Dämonen und Höllenmächte« befreien zu können. Für die offenbar pathologische Angst des ›Leichen-Papstes‹ vor seinem Vorgänger spricht auch, daß er ihn sogar ein zweites Mal ausgraben und dann in den Tiber werfen ließ.
Tatsache ist, daß die ›Leichensynode‹ der Höhepunkt einer Epoche war, in der sich in Rom die Parteien im Kampf um die Tiara bis über den Tod hinaus befehdeten. Mordkomplotte waren an der Tagesordnung, die Päpste Opfer wie Täter. Der Vatikan, Hort christlicher Nächstenliebe, wurde zum Mörderkabinett.
Die Geschichte von Papst Formosus begann im Jahre 891, als er am 6. Oktober in das höchste Kirchenamt gewählt wurde. Bekannt geworden war er durch seine Missionsarbeit in Bulgarien und durch seine Teilnahme an einer Verschwörung des Adels gegen Johannes VIII. (872–882).
Formosus krönte am 22. Februar 896 Arnulf von Kärnten zum Kaiser und starb sechs Wochen später nach fünfjähriger Amtszeit. Sofort nach seinem Tod erhoben sich seine Gegner. Es kam zu einem Aufstand der Volksmassen.
Bonifatius VI. (896), ein Geistlicher, dem bereits einmal die Weihen aberkannt worden waren, wurde auf den Stuhl

Petri gesetzt. Er war ein gichtbrüchiger Mann, der schon nach vierzehn Tagen starb. Aber die Feinde des Formosus beherrschten jetzt die Stadt und starteten einen Rachefeldzug gegen Stefan VI., warfen ihn in den Kerker und erwürgten ihn.

Ein neuer Papst wurde gewählt, kurz darauf ein zweiter erhoben. Doch beide starben schon nach wenigen Wochen.

Inzwischen hatte man die Leiche von Formosus wiedergefunden. Der Strom hatte sie an Land getragen, ein Mönch sie geborgen. Die Anhänger des toten Papstes bestatteten ihn mit hohen Ehren.

Und weiter drehte sich das Papst-Karussell. Bei der Neuwahl Anfang 898 gewannen die Gegner Formosus wieder die Oberhand und wählten Bischof Sergius III. (904–911) von Caere. Es war das dritte Mal binnen weniger Jahre, daß man sich über das Verbot des Übergangs von einem Bistum zum anderen hinwegsetzte.

Folge: Ehe man den neuen Kandidaten weihen konnte, kam es zu Straßenkämpfen. Die Formosianer siegten. Sergius mußte weichen. Johannes IX. (898–900) wurde gewählt. Im Einvernehmen mit Kaiser Lambert von Spoleto suchte er die Ordnung wieder herzustellen.

Eine Synode wurde in Rom einberufen. Die oberitalienischen Bischöfe verdammten das Gericht über den toten Formosus. Die Akten wurden verbrannt und die Leichenschänder verurteilt. An erster Stelle natürlich Stephan VI.

In Rom behaupteten sich zunächst die Formosianer. Papst Benedikt VI. (900–903) gehörte zu ihnen. Nach seinem Tod aber spaltete sich die Partei. Leo V. (903) wurde nach weniger als zwei Monaten durch den Presbyter Christophorus gestürzt und eingekerkert, während sich dieser selbst zum Papst machte. Aber auch er konnte sich nur wenige Monate an seiner Würde freuen.

Sergius III., der gegen Johannes IX. unterlegen war, hatte

die Zwischenzeit genutzt und neue Anhänger um sich gesammelt. Er marschierte in Rom ein, machte sich zum Herrn der Stadt und ließ gleich zwei seiner Vorgänger töten: Leo V. und Christophorus. Letzterer wurde in den Kerker gesperrt, wo er lange Hungerqualen erleiden mußte, bevor man ihn umbrachte. Leo V. teilte das Schicksal seiner Vorgänger.
Mit Sergius hatten die Gegner des Formosus gesiegt. Jetzt drehten sie den Spieß herum: Alle Weihen, die auf Formosus zurückgingen, wurden erneut für ungültig erklärt, der ›Leichenrichter‹ Stefan VI. rehabilitiert.
Die zweite Abrechnung mit Formosus kam allerdings nur auf Druck in der römischen Synode zustande. Denn jedem, der sich widersetzte, drohte Sergius mit Verbannung auf den bereitliegenden neapolitanischen Schiffen.
Außerdem wurden alle Gegner aus den kirchlichen Ämtern gejagt. Die unterlegenen Formosianer fügten sich auch jetzt nicht und erkannten Sergius nicht an. Die Folge war ein Chaos im geistlichen Leben von Rom.
Heute sind sich die Historiker darüber einig, daß mit diesem Pontifex, der seinen Thron über Leichen erreichte, der »erste Tiefpunkt« dieser düsteren Epoche erreicht war.
Aber bereits vorher und auch später war der Vatikan ein Ort, wo Mordpläne geschmiedet und auch ausgeführt wurden.
Die Namensliste der Opfer und Täter ist lang und erstreckt sich über mehrere Jahrhunderte. Sie beginnt mit Paschalis I. (817–824). Er ließ die beiden Führer der kaiserlichen Parteien in seiner Residenz blenden und enthaupten.
Trotzdem erklärte er sich für unschuldig, leistete einen ›Reinigungseid‹ und behauptete, für den Papst gebe es keinen irdischen Richter. Außerdem erhob er wilde Anklagen gegen die Ermordeten; sie seien zu Recht hingerichtet worden. Das Volk von Rom war allerdings anderer Meinung und

sprach den Papst nicht frei von Schuld. Ein Beweis dafür, wie verhaßt er war, sind die schweren Tumulte bei seinem Begräbnis.
Trotzdem wurde er heiliggesprochen. Ein Beschluß, der nach dem Stand der aktuellen Kirchenforschung »kaum aufgrund heiligmäßiger Eigenschaften« wegen erfolgt sein kann, sondern wohl nur, »weil der Verstorbene als Erbauer von Kirchen Bedeutendes geleistet hat«.
Der erste Papstmord überhaupt wird auf das Jahr 882 datiert. Das Opfer: Johannes VIII. Der Täter: ein Verwandter. Er vergiftete den Papst, der seit zehn Jahren im Amt war. Als die Todesdroge nicht rasch genug wirkte, erschlug er ihn mit einem Hammer.
Das Verbrechen war der Auftakt zu einer langen Mordserie im Vatikan. Bis zur Mitte des 11. Jahrhunderts sollten sieben weitere Päpste durch die Hand ihrer Vorgänger oder Gegner sterben. Fast scheint es, als habe Johannes VIII. diese Verwilderung des Papsttums vorausgesehen. Denn in seinem letzten Brief an den deutschen Kaiser schrieb er fast seherisch: »Wir haben Licht erwartet, und siehe, da ist Finsternis ...«
Nächstes Opfer in der Mord-Chronik: Johannes X. (914–928). Er verdankte seine Wahl der Senatrix Theodora I. von Tusculum und ging als völlig skrupelloser Mann in die Annalen der Kirchengeschichte ein.
Ihm, der vor allem Feldherr war und ein großes Heer gegen die Sarazenen aufstellte, wurde eine schöne Frau zum Verhängnis: In Rom herrschte die mächtige Marozia als absolute Diktatorin. Als der Papst ihr zu lästig und zu selbständig wurde, ließ sie ihn einkerkern und bald darauf ermorden.
Umgebracht wurde auch Papst Bonifatius VII. (974 und 984–985). Allerdings aus anderen Gründen: Er hatte selber zwei Vorgänger – Benedikt VI. (973–974) und Johan-

nes XIV. (983–984) – einkerkern und erwürgen lassen. Ein Jahr regierte er wie ein Diktator in Rom. Dann erhob sich das Volk gegen den Tyrannen, erschlug ihn und schleifte seinen Leichnam durch die Straßen der Ewigen Stadt.

Ein weiteres Kapitel, das die grausame Szenerie des Papsttums in dieser Epoche widerspiegelt, begann mit der Herrschaft von Gregor V. (996–999). Der erst vierundzwanzigjährige Bruno von Kärnten war der Urenkel Otto I. des Großen. Mit ihm zog der erste deutsche Papst in den Vatikan ein, der umgehend seinen erst sechzehnjährigen Vetter Otto III. zum Kaiser krönte.

Doch der Bund der beiden jugendlichen Herrscher geriet in den Strudel tragischer Ereignisse. Kaum war der Kaiser aus Rom abgezogen, brach Crescentius Nomentanus den geleisteten Treueeid, machte sich zum Oberhaupt der Stadt, zwang den Papst zur Flucht und machte Johannes XVI. (997–998) zum Gegenpapst: ein Grieche, der bislang Aufstieg und Würden einzig dem Hause der Ottonen zu verdanken hatte. Er war der Lehrer Ottos III. gewesen.

Als Kaiser und Papst zurückkehrten, floh der Gegenpapst in die Campagna. Dort wurde er ohne Wissen der beiden Herrscher in einem Turm gefangengehalten und grauenhaft entstellt. Man fand ihn ohne Augen, Ohren, Nase und Zunge.

Sein Leidensweg war damit aber noch nicht beendet. Als Abrechnung mit dem Unglücklichen dachte sich der Papst ein besonders makaberes Schauspiel aus: Der Verstümmelte mußte vor der Synode erscheinen, wo er formell abgesetzt wurde. Anschließend wurde er rückwärts auf einem Esel sitzend durch die Straßen von Rom gejagt und dem Hohn und dem Spott des Volkes ausgesetzt. Dann schob man ihn in ein Kloster ab, wo er nach fünfzehnjähriger Verbannung starb.

Dieses Exempel, das der Papst an seinem Gegenspieler statuierte, wird von den Kirchenforschern heute allgemein als »stellvertretende blutige Sühne für alle Gegenpäpste des ersten Jahrtausends« angesehen. Und auch mit Crescentius Nomentanus kannte der Pontifex kein Mitleid: Er ließ ihn in der Engelsburg enthaupten.

Die beiden nächsten Päpste, die als Opfer und Täter Kirchengeschichte schrieben, waren Cölestin V. (1294) und Bonifatius VIII. (1294–1303). Ihre Zeit begann mit der Episode von einem heiligen Mann auf einem Berg, und man schrieb das Jahr 1294.

Über zwei Jahre lang war die Kirche ohne Papst gewesen. Schließlich einigten sich die Kardinäle und wählten den achtzigjährigen Eremiten Pietro del Murrone zum Papst. Obwohl Cölestin V. bäuerlicher Herkunft war und sich nicht nach dem hohen Amt gedrängt hatte, schrieben sie ihm einen Brief, um ihm ihre Entscheidung mitzuteilen.

Das Archiv des Vatikans besitzt heute noch eine Abschrift dieses erstaunlichen Schreibens, den das Kardinalskollegium an den Eremiten sandte:

> »An den Herrn Bruder Pietro del Murrone vom Orden des Heiligen Benedikt, durch göttliche Vorsehung, die gleich dem Wind sich wendet, wohin sie will, zum Höchsten und Römischen Pontifex erwählt...«

Pietro wandte ein, daß er für das Amt ungeeignet sei. Er wußte, daß der höchste Kirchenposten administrative Pflichten und Verantwortung mit sich brachte, die ihm nicht lagen.

Tatsächlich war er dann auch als ›Verwaltungschef‹ der Kurie überfordert, denn hinter seinem Rücken verkauften einige der Kardinäle Bullen, die der Käufer selbst ausfüllen konnte.

»Um die Ruhe und den Trost des Lebens, das ich einst be-

saß, wieder zu finden«, dankte Cölestin noch im selben Jahr ab. Kardinal Benedetto Gaetani, der ihn zu diesem Schritt bewogen hatte, wurde an seiner Stelle unter dem Namen Bonifatius VIII. zum 189. Pontifex gewählt.
Dante hat diesen Papst als ›Usurpator‹, als Thronräuber verurteilt. Denn seine Geldgier war so sprichwörtlich wie sein Hochmut und seine pathologische Eitelkeit.
Mammon und Macht waren dem Pontifex wichtiger als seine christlichen Aufgaben. Die erste Rolle in seinem Leben und Denken spielte die Familie Gaetani, deren Reichtum er schon als Notar Johannes XXI. (1276–1277) gemehrt und der er den Herzogsrang verliehen hatte.
Als reichster Geldmagnat Italiens erwarb er, mit und ohne Gewalt, für den Familien-Clan die größten Landgüter Italiens. Sich selbst ließ er in Denkmälern und Büsten verherrlichen und kostümierte sich im Heiligen Jahr wiederholt als Kaiser und erklärte: »Ich bin Caesar, ich bin Imperator…«
Bonifatius VIII. hetzte seine Schergen auf seinen Vorgänger Cölestin, der wieder das einfache Leben eines Eremiten führte und sich wieder Pietro del Murrone nannte. Der Achtzigjährige starb im Gefängnis.
Offiziell hieß es, daß er eines natürlichen Todes gestorben sei. Es wurde jedoch gemunkelt, ein Neffe des Papstes habe den Greis umgebracht, indem er ihm einen Nagel in die Schläfe schlug.
Der Streit um das plötzliche Ende des heiligen Mannes führte zu einem weiteren blutigen Nachspiel. Bereits vorher hatten die Kardinäle der Familie Colonna in einem Manifest seine Abdankung für »unrechtmäßig« erklärt, und sie mochten auch nicht an die offizielle Todesversion glauben. Darauf begann Bonifatius VIII. einen Feldzug gegen die Anhänger seines Vorgängers. Er setzte die Kardinäle ab, konfiszierte deren Besitz und befahl die Vernichtung der Colonna.

Aber der Familien-Clan schlug zurück. Mit heimlicher Hilfe des französischen Kanzlers Nogaret inszenierte 1303 eine Gruppe von Colonna-Leuten einen Staatsstreich und nahm den Papst gefangen, als er sich in seinem Geburtsort Anagni aufhielt.
Ein zeitgenössischer Bericht hat die Szene für die Nachwelt festgehalten:

> »Die Feinde des Bonifaz trafen ihn auf dem päpstlichen Thron sitzend an, im Mantel des heiligen Petrus und auf dem Haupt die Krone, die Konstantin dem Papst Silvester geschenkt hatte. Und als der Papst sich vor Gericht befand und gefragt wurde, ob er einverstanden sei, auf die Papstwürde zu verzichten, sagte er immer wieder nein, er wolle, wenn nötig, lieber den Kopf verlieren. Und auf Französisch sagte er: ›Ec le col, ec le cape‹, nämlich ›Hier ist mein Nacken, hier ist mein Kopf‹. Sobald sie in den Palast des Papstes eingedrungen waren, raubten diese Truppen sein Gemach und seine Schatzkammer aus. Sie nahmen alles mit, was sie finden konnten, und ließen den Papst so arm wie Hiob zurück. Der Papst sagte nichts weiter als: ›Gott hat gegeben, Gott hat genommen.‹«

Drei Tage und Nächte verbrachte der Papst in dem Verlies seiner Vaterstadt, dann wurde er von seinen Verwandten befreit. Als man ihn ans Tageslicht holte, verlangte er, man solle ihn auf den öffentlichen Platz führen. Dort bat er die Frauen um ein wenig Brot und Wein. Oder falls sie keinen hätten, um einen Schluck Wasser.
»Dinge, um den Glauben zu verlieren«, so ein Chronist der Zeit, werfen auch einen Schatten auf die Amtszeit des 197. Pontifex: Gregor XI. (1370–1378).
Als seine Marodeure das Land plünderten, erhob sich die

Bevölkerung von Cesena gegen die Gewaltherrschaft. Wenige Wochen nach dem Einzug des Papstes in Rom wurde der Aufstand jedoch von Kardinal Robert von Genf brutal niedergeschlagen. Bilanz: viertausend Tote.

Der ›Tag von Cesena‹ wurde in Italien als der »erste Gruß des Papstes« empfunden, mit dessen Namen diese beispiellose Mordorgie verbunden ist, mochte er an dem Massaker auch nur mittelbar schuld sein. Katharina, die große Heilige aus Siena, geißelte die Härte des Papstes. Der Florentiner Dichter Franco Sacchetti nannte ihn einen »Weltverderber«. Kardinal Robert von Genf ging als ›Henker von Cesena‹ in die Geschichte des Papsttums ein. Die Tatsache, daß er seine Hände mit Blut besudelt hatte, schadete seiner Karriere allerdings nicht. Schon bald stieg der Sechsunddreißigjährige als Klemens VII. (1378–1394) zum ersten Gegenpapst des großen Abendländischen Schismas auf und führte in Avignon ein Leben in Saus und Braus – auf Kosten der von rücksichtslosen Steuern schier erdrückten Bevölkerung Frankreichs.

Auch Urban VI. (1378–1389), über dessen Wahl das Schisma ausbrach, stand dem ›Henker von Cesena‹ an Grausamkeit in nichts nach. Er wurde beschuldigt, fünf seiner Kardinäle nicht nur qualvoll gemartert, sondern ihre Leichen eingesalzen, getrocknet und in einem Koffer mit sich geführt zu haben.

Schon vor dieser ihm zur Last gelegten Wahnsinnstat hatte er sich überall nur Feinde geschaffen, und von seiner krankhaften Art abgestoßen hatten dreizehn Kardinäle Rom verlassen.

Auch mit dem König war der Papst verfeindet. Schon bald zog er sich in die Festung Nocera zurück und versuchte, den weltlichen Herrscher in magischen Zeremonien zu bannen. Als sich sechs Kardinäle gegen ihn erhoben, ließ er sie in eine Zisterne senken, foltern und fast verhungern.

Als er trotz der Belagerung durch König Karl aus Nocera fliehen konnte, schleppte er die Gemarterten mit sich, um fünf von ihnen schließlich am Meeresstrand von Genua auf entsetzliche Weise hinrichten zu lassen.
Weder der Doge von Genua noch die Fürsprache der angesehensten weltlichen und geistlichen Bürger der Republik haben diese Bluttat verhindern können. Nur den sechsten der Kardinäle, einen Engländer, wagte der Papst nicht zu töten – aus Angst vor König Richard II.
Als der Papst am 15. Oktober des Jahres 1389 in Rom starb, atmete die christliche Welt auf. Aber mit dem Tod des Ungeheuers im Vatikan war die völlig verwilderte Zeit noch nicht beendet.
Francesco della Rovere, der Sohn einer Familie kleiner Kaufleute in Savona, wurde im Jahre 1471 als Sixtus IV. zum neuen Stellvertreter Christi gewählt.
Unter dem ehemaligen Franziskanergeneral ging der moralische und politische Verfall der Kurie weiter. Sixtus IV. ist mitverantwortlich für eine Kette von Kriegen, Verschwörungen und Morden, die Italien heimsuchten. Korruption, List und Skrupellosigkeit – das war die unselige Mischung, mit der Sixtus IV. den Kirchenstaat regierte. Machiavelli hat seiner Skrupellosigkeit höchstes Lob gezollt. Tatsache ist, daß die Pfründe und Ländereien, die der Papst seinen Nepoten zuschanzte, zusammen ein ansehnliches Fürstentum ergeben hätten.
Auch politisch brachte der Papst den Vatikan um den letzten Rest von Ansehen. Der von ihm entfesselte Ausrottungskrieg gegen die Familie Colonna zog den Kirchenstaat in langanhaltende Wirren. Bei der Pazzi-Verschwörung gegen die Medici von Florenz protestierte der Heilige Vater nach Auffassung der Historiker nur zum Schein, um sie letztlich zu billigen im Wissen, daß der von ihm zugunsten seiner Hauspolitik erstrebte Sturz der Medici ohne Mord gar nicht möglich war.

Das politische Unheil verschlimmerte sich durch wahllose Bannflüche, die je nach Bedarf wieder zu Lobpreisungen werden konnten. Der folgenschwerste Erlaß: Mit der Inquisitionsbulle für das spanische Königspaar Ferdinand von Aragón und Isabella von Kastilien verhalf Sixtus IV. dem entsetzlichen Großinquisitor Thomás de Torquemada zur Macht.

Damit begann jenes Grauen, das der katholische Kirchenhistoriker Franz Xaver Seppelt eine »zutiefst bedauerliche Verirrung menschlichen Geistes« nannte.

Und Machiavelli schrieb: »Dieser Papst war der erste, der zu zeigen begann, wieviel ein Papst vermochte, und wie viele Dinge, die hinterher als Irrtum bezeichnet wurden, sich unter der päpstlichen Autorität verbergen konnten.«

Nach dem Tode Sixtus IV. 1484 war der Weg frei für Innozenz VIII. (1484–1492), der nach dem Urteil der Kirchenforscher zu den »erbärmlichsten Figuren« gehörte, die je die Tiara erlangten. In Begleitung seines Sohnes Franceschetto, der sich vor allem in den Spielhöllen Roms herumtrieb oder Einbrüche verübte, hielt er im Vatikan Einzug.

Eine der ersten, zugleich verhängnisvollen Amtshandlungen des Primas war der Erlaß der berüchtigten Hexenbulle »Summis desiderantes affectibus«, mit der er seinen Namen für alle Zeiten belastete und den Hexenwahn mit der furchtbaren Ausrottung Unschuldiger legalisierte.

Die Hexenjagd wurde zu einem Mittel des Justizmordes, das in der europäischen Geschichte nur mit der spanischen Inquisition und den Greueltaten während der Albigenserkreuzzüge oder dem Judenmord im Dritten Reich vergleichbar ist.

Der Papst hat, wie der katholische Historiker Joseph Bernhart schrieb, »die feierliche Anerkennung des Wahns« vollzogen, und »Kanonisten, Inquisitoren und Henker verbanden sich unter dem Segen des achten Innozenz«, von dem sich die Kirche bis heute nicht distanziert hat.

Auch der nächste Papst war alles andere als ein frommer Apostel. Als im Konklave der Ämterhandel um die Tiara begann, schlug die Stunde von Rodrigo Borgia. Zielbewußt hatte der spanische Kardinal auf dieses höchste Kirchenamt hingearbeitet und wurde als Alexander VI. (1492–1503) zum Papst gewählt.

Girolamo Savonarola, Prior der Dominikaner von San Marco in Florenz, wurde schon bald nach der Krönung Alexanders von einer furchtbaren nächtlichen Vision heimgesucht. Er sah in seiner Klosterzelle, wie Gottvater mit einem Schwert in der Hand den nahen Weltuntergang ankündigte. Als unverkennbare Vorboten von Krieg, Pest und Hungersnot fielen Feuer und Schwerter in dichtem Regen aus den Wolken herab.

»Ich verkünde«, rief Savonarola dem florentinischen Volk zu, »daß Italien in Verwirrung gebracht und das Oberste zuunterst gekehrt werden wird. O Italien! Greuel auf Greuel werden über dich hereinbrechen: Greuel des Krieges außer der Teuerung, Greuel der Pest außer dem Kriege, Greuel über Greuel an allen Orten ...«

Und weiter prophezeite der Bußprediger: »Das Gesetz der Priester wird untergehen, und sie werden ihre Würden verlieren. Die Fürsten werden sich in härene Gewänder kleiden und die Völker vom Unglück zermalmt werden. Verzweiflung wird die Menschen ergreifen, und so wie sie sie gerichtet haben, werden sie gerichtet werden ...«

Savonarola, das lebende Gewissen der Kirche, behielt recht. Alexander VI., der 210. Stellvertreter Christi, entlarvte sich schon bald als »mißratener Sohn Gottes«. Unter seiner Herrschaft geriet der Vatikan noch tiefer in den Strudel des Verbrechens.

Die schauerliche Logik: Savonarola endete am Galgen und im Feuer. Den Galgen ließ der Papst aufrichten, Florenz lieferte den Stick.

Über keinen Papst sind so viele Bücher zwischen Wahrheit und Dämonie geschrieben worden, wie über den Borgia, seinen Sohn Cesare und seine Tochter Lucrezia, die berühmtesten seiner neun Kinder.

Immerhin handelt es sich um einen einzigartigen Stoff, der zu dieser Legendenbildung führte: Mord gehört genauso dazu wie Blutschande, Hexenwahn und Schwarze Magie.

Das Theater griff den Borgia-Stoff sogleich nach dem Tod Alexanders VI. auf. 1530 verfaßte der Humanist Nicola Grasso in Mantua eine Tragödie über Cesare Borgia als Frauenmörder. Im antipäpstlichen England war 1606 eine Tragödie Barnabe Barnes' über den Teufelspakt Alexanders VI. sehr beliebt.

In Frankreich begannen in den ersten Jahrzehnten des 19. Jahrhunderts Literatur und Theater die Borgia-Legende so populär zu machen wie nie zuvor. Berühmte Schriftsteller, wie Victur Hugo und Alexandre Dumas, verarbeiteten den Stoff.

So wurde aus Lucrezia die »Renaissance-Hexe«, die ihre Sippe an den Teufelspakt bindet, und ihre »inzestuöse Liebesbeziehung« zu Vater und Bruder wird zur »teuflischen Dreieinigkeit«.

Als Papst bedient sich Alexander VI. für seine Giftmorde eines Schlüssels mit vergifteter Spitze. Will er einen Kandidaten beseitigen, befiehlt er ihm, einen gewissen Kasten aufzusperren. Der Deckel des Kastens will sich nicht öffnen, der Nichtsahnende drückt auf den Schlüssel und bringt sich selbst die tödliche Verletzung bei.

Cesare Borgia, der Sohn des Papstes, trägt einen Ring mit zwei Löwenköpfen an einem Finger der rechten Hand. Während er seinem auserwählten Opfer die Hand schüttelt, dreht er an dem Ring, aus den Löwenmäulern schnellen zwei giftgetränkte Zünglein hervor und stechen ebenso tödlich wie der Giftschlüssel Alexanders.

Was ist Wahrheit und was ist Legende? Wie haben sich die Borgia-Verbrechen wirklich abgespielt?
In der Fülle des historischen Materials finden sich zahlreiche Belege dafür, daß die berühmte Lucrezia nur eine Marionette für ihren Vater, den Papst, war. Sie wurde von ihm nach Bedarf verheiratet, zwangsweise geschieden, wieder verheiratet, durch Mord von einem unnötig gewordenen Gatten befreit und zum dritten Male verheiratet.
Die genauen Umstände dieses Mordes im Vatikan liegen bis heute im Dunkeln. Aus mehreren sich widersprechenden Berichten läßt sich jedoch folgender Tathergang rekonstruieren:
Am 29. Juni des Jahres 1500 saß der Papst im Zeremoniensaal. Plötzlich brach ein heftiges Unwetter los und entlud sich über dem Palast. Ein fallender Kamin schlug das Dach ein, riß aus dem oberen Stockwerk Personen mit sich und erschlug Lorenzo Chigi, einen Bruder des berühmten Bankiers Agostino.
Alexander wurde unter den Trümmern völlig begraben. Schon glaubte man ihn tot. Der Datar Ferrari und der Kammerherr sprangen in eine Fensterbrüstung und verkündeten schreiend: »Der Papst ist tot.«
Rom geriet augenblicklich in Bewegung. Die Bürger bewaffneten sich. Viele Spanier flüchteten in die Engelsburg. Boten eilten fort mit Briefen an die Exilierten: Die Zeit sei gekommen, heimzukehren und Rache an den Feinden zu nehmen. Doch schon bald verkündeten Kanonenschüsse von der Engelsburg, daß der Papst lebte. Man fand ihn im Schutt aufrecht auf seinem Thron sitzend, bedeckt von einem Teppich. Er hatte lediglich geringfügige Verletzungen am Kopf erlitten. Seine Tochter Lucrezia beschloß, die Nacht über bei ihm im Vatikan zu bleiben.
Abends kam ihr Mann Alfonso, um seinen Schwiegervater zu besuchen. Sie aßen gemeinsam, saßen noch bis ein Uhr

nachts zusammen und sprachen von dem ›Wunder‹. Dann trat der Herzog in Begleitung eines Kämmerers und eines Boten den Heimweg an.
Sie schritten die Stufen der Peterskirche hinab, als sie eine Gruppe Bettler bemerkten, die nach altem Brauch während eines Jubeljahres unter freiem Himmel schliefen.
Kaum hatte der Herzog den Platz erreicht, wurde er von der Gruppe umringt. Die Bettler zogen plötzlich Schwerter unter ihren Gewändern hervor und fielen über Alfonso und seine Begleiter her.
Der ungleiche Kampf währte nur kurz. Von mehreren Hieben schwer verletzt, stürzte der Herzog bewußtlos zu Boden. Die Meuchelmörder schleppten ihn zum Tiber, um ihn in die Fluten zu werfen, doch seine beiden Begleiter nahmen den Kampf noch einmal auf. Es gelang ihnen, die ›Bettler‹ in die Flucht zu schlagen und ihren Herrn zu befreien.
Dann brachten sie den Schwerverletzten in den Vatikan. Lucrezia, die eilends herbeigerufen wurde, bat den Papst, ihr ein Gemach in seinem Palast zur Verfügung zu stellen, damit sie dort unter dem Schutz der päpstlichen Garden ihren Gatten pflegen könnte. Ihr Vater willigte ein und ließ das Krankenzimmer von Wachen umstellen.
Aus Angst vor Gift wies der schwerverletzte Herzog zunächst jede ärztliche Hilfe ab. Er war der Ansicht, daß der Anschlag auf das Konto seines Schwagers Cesare ging. Dem König von Neapel ließ er melden, er befinde sich in Lebensgefahr, worauf ihm dieser seinen eigenen Arzt sandte.
In einem von Pinturicchio ausgestatteten Turmgemach des Vatikanpalastes wurde Alfonso von Lucrezia betreut. Sie bereitete ihm die Speisen selbst zu, weil sie fürchtete, daß ihnen Gift beigemengt werden könnte. Langsam besserte sich der Zustand ihres Mannes. Bald konnte er aufstehen und ein paar Schritte gehen.
Am 18. August betrat unvermutet ein Helfershelfer Cesa-

res, Micheletto Corells, das Krankenzimmer und erklärte den Anwesenden: »Ich habe den Auftrag, euch alle wegen eines Komplotts gegen das Haus Borgia festzunehmen.«
Lucrezia eilte zu ihrem Vater, um ihn zur Rede zu stellen. Der Papst beruhigte sie. Erleichtert kehrte sie zum Krankenzimmer zurück. Aber bewaffnete Männer verwehrten ihr den Zutritt und erklärten: »Der Herzog ist an einer Blutung gestorben ...«
Nach dem Studium der vielen zeitgenössischen Quellen sind sich die Historiker heute darin einig, daß Cesare Borgia der Drahtzieher jener Bluttat war und Micheletto Corella, jener Anführer der ›Bettler‹ vom Petersplatz, in seinem Auftrag handelte.
Wußte der Heilige Vater von diesem verbrecherischen Plan?
Die meisten Historiker vertreten die These, daß sein Sohn Cesare eine wichtige Rolle im dynastischen Kalkül Alexanders VI. spielte und der Papst sich seiner Requisiten – Gift und Dolch – bediente, um seine Macht zu steigern.
Am 15. Februar 1503 starb in der Engelsburg der Kardinal Orsini an Gift, am 10. April folgte ihm der Kardinal Giovanni Michiel, der Nepote Pauls II. Kaum war er verschieden, wurde sein Hab und Gut aus seinem Hause fortgebracht: Hunderttausend Dukaten war es wert.
Der Papst war zu diesem Zeitpunkt dreiundsiebzig Jahre alt. Er schien unverwüstlich, und ein Chronist der Zeit bescheinigte ihm, daß ihm »Unglaubliches« geglückt sei: »Die beiden großen Adelsfraktionen Roms, die Colonna und die Orsini, waren gebändigt und zertrümmert, alle anderen Barone ausgerottet und verjagt. Rom lag in geduldiger Knechtschaft. Das Kardinalskollegium war ein gehorsamer Senat, die Kurie ein feiles dienstbares Werkzeug.«
Doch am Sonnabend, den 12. August 1503, erkrankte der Papst ebenso wie sein gerade aus der Romagna zurückge-

kehrter Sohn. Beide hatten einen starken Fieberanfall mit Erbrechen.
Am Abend des 18. August gab der Bischof von Culm dem Papst die letzte Ölung. Alexander VI. verschied in Gegenwart des Datars und einiger Stallmeister.
Dem Toten legte man eine Tunika aus weißem Leinen und ein goldenes Meßgewand an und trug ihn dann auf einem mit purpurroter Seide bespannten Katafalk in das sogenannte Papageienzimmer. Am Abend wurde er in der Peterskirche aufgebahrt, wo die Römer von ihm Abschied nehmen konnten.
Die genaue Todesursache ist bis heute nicht bekannt, und der Streit darüber hat die Historiker in verschiedene Lager gespalten. Die Theorien reichen von Fiebertod bis zum Giftanschlag.
Theorie Nr. 1: Der Papst ist dem bekannten und gefürchteten römischen Augustfieber erlegen.
Beleg: Ein Brief, den Vanozza de Cattaneis am 5. August 1503 schrieb: »Viele sind erkrankt, nicht an der Pest, nur am Fieber, und sie werden sich bald erholen.«
Theorie Nr. 2: Vater und Sohn wurden von Kardinal Adriano Castellesi vergiftet.
Beleg: Verschiedene Chroniken aus dieser Zeit berichten, Alexander und Cesare hätten an einem Bankett bei dem ehemaligen päpstlichen Sekretär teilgenommen. Wenige Tage nach dem Fest seien der Gastgeber, Cesare, der Papst und viele andere Geladene erkrankt.
Man sprach von vergiftetem Wein, den der Kardinal den Borgias zu trinken gegeben habe. Der überaus reiche Diener Gottes sei nämlich überzeugt gewesen, daß ihm der Papst sein Vermögen entreißen wollte.
Gegen diesen Verdacht spricht allerdings ein Brief Monsignore B. Costablis vom 14. August 1503: »Es ist nicht erstaunlich«, heißt es darin, »daß Seine Heiligkeit und Seine

Exzellenz [Cesare] krank sind, denn alle Angehörigen dieses Hofes und auch jene des apostolischen Palastes sind unpäßlich und liegen wegen der schlechten Luft darnieder.«
Theorie Nr. 3: Alexander und Cesare haben sich versehentlich selber vergiftet.
Beleg: Diese Todes-Version stützt sich auf einen zeitgenössischen Bericht. Danach habe der Papst mit Cesare verabredet, bei einem Mahl in einer Vigna am Vatikan den reichen Kardinal Hadrian mit einem Todeswein zu vergiften. Infolge einer Verwechslung hätten jedoch beide von dem Rebensaft getrunken. Der Papst sei daran gestorben.
Sicher ist nur, daß Cesare überlebte und für den Fall des Todes seines Vaters seine Gefolgsleute offenbar entsprechend instruiert hatte. Denn Alexander hatte kaum die Augen geschlossen, als Micheletto Corella mit einigen bewaffneten Männern in den Vatikan eindrang. Er hielt dem päpstlichen Schatzmeister einen Dolch an die Kehle und drohte: »Entweder die Schlüssel zur päpstlichen Schatzkammer, oder ich werfe euch alle aus dem Fenster!«
Kardinal Casanova ergab sich und mußte hilflos mitansehen, wie die Räuber große Mengen Silberwaren und Dukaten fortschleppten. Aber in ihrer Eile ließen sie einen großen Teil des Schatzes (fünfhunderttausend Dukaten, davon dreihunderttausend in bar) zurück.

IX
Die Richter im weißen Ornat
Skandalprozesse um Klostersex, Inzest und Sodomie

Die Nonnen verließen in einer langen Prozession die Abteikirche, wo eben die Messe zu Ende gegangen war. Sie schritten schweigend durch das reich mit Figuren verzierte Portal und betraten den Kreuzgang, um sich in ihre Zellen zu begeben.
Nur eine junge Novizin war alleine auf einer Bank im Hauptschiff sitzen geblieben und blickte in frommer Andacht auf den Altar. Zwei Leuchter brannten dort, hoch oben auf schweren bronzenen Dreifüßen von der Größe eines Mannes.
Im Schein der Flammen leuchteten Kelche, Monstranzen, Schalen und Kruzifixe und legten Zeugnis vom Reichtum der Abtei ab. Viele Fürsten und Bischöfe hatten die Kostbarkeiten im Laufe von Jahrhunderten zu Ehren Gottes und dieses auserwählten Ortes gestiftet.
Die junge Novizin starrte fasziniert auf die heiligen Schätze, und einen Augenblick lang war sie wie geblendet von dem blitzenden Gelb des Goldes, dem transparenten Glanz der Kristalle und dem fleckenlosen Weiß des Elfenbeins.
Noch nie zuvor hatte sie einen solchen Hort gesehen. Sie stammte aus ärmlichen Verhältnissen, wo es solche funkelnden Schätze nicht gab.
Ein Rascheln riß sie aus ihrer frommen Andacht. Als sie sich umdrehte, erblickte sie im Schatten der Seitenkapelle eine Gestalt.
Sie starrte ängstlich in das dunkle Gewölbe. Fahles Mondlicht fiel jetzt durch die hohen Fenster des Seitenschiffes und hüllte die Gestalt in ein leuchtendes Gewand ein.
Die junge Novizin unterdrückte einen Aufschrei, als der Schatten aus der Kapelle trat. Noch immer konnte sie nicht erkennen, um wen es sich handelte.
Die Gestalt trug eine lange Kutte. Das Haupt verhüllte eine Kapuze. Die Hände waren in den Falten des Gewandes verborgen.

Das Mädchen zitterte.
Da begann die Gestalt zu sprechen.
»Fürchte dich nicht, meine Tochter.«
Im gleichen Augenblick öffneten sich die Falten der Kutte, zwei weiße Hände wurden sichtbar und schoben die Kapuze zurück.
Ein kahlgeschorener, bläulich glänzender Schädel kam zum Vorschein, eine hohe Stirn, struppige dunkle Brauen, stechende Augen, eine vorspringende Nase und breite Lippen wurden sichtbar.
Die Novizin erkannte den Beichtvater der Abtei.
»Ach, Ihr seid es, ehrwürdiger Vater«, flüsterte sie. »Ihr habt mir einen argen Schrecken eingejagt.«
»Hast du mich etwa für einen Dämon gehalten?« fragte er, und seine Lippen verzogen sich zu einem Lächeln.
»Das nicht«, sagte sie errötend. »Aber ich habe Euch in der Dunkelheit nicht sofort erkannt.«
Er blickte sie interessiert an.
»Du bist eine von den neuen Novizinnen?«
»Ja.«
»Wie ist dein Name?«
»Magda.«
»Wie alt bist du?«
»Achtzehn Jahre.«
»Wann bist du angekommen?«
»Gestern, ehrwürdiger Vater.«
»Wer hat dich ins Kloster gebracht?«
»Meine Eltern.«
»Gab es einen speziellen Grund dafür?«
Sie nickte.
»Ja, ehrwürdiger Vater. Meine Eltern sind arme Leute. Ich habe insgesamt sieben Geschwister, drei Brüder und vier Schwestern. Ich bin die Jüngste. Nur mit Mühe konnten meine Eltern die Mitgift für meine drei Schwestern auftrei-

ben. Für meine Vermählung blieb kein Geld mehr übrig. Aus elterlicher Sorge haben sie mich daraufhin der Obhut des Klosters anvertraut im guten Glauben, daß ich hier am besten versorgt bin.«

»Das war eine kluge Entscheidung«, sagte der Beichtvater. »Ich bin sicher, daß du dich an diesem Ort der reinen Liebe wohl fühlen wirst.«

»Ehrwürdiger Vater, gestattet Ihr mir eine Frage?«

Er nickte.

»Woran erkennt man die reine Liebe?«

Einen Augenblick lang sah er sie schweigend an.

Dann sagte er: »Meine Schwester, wie du sicherlich weißt, dringt nichts so tief in die Herzen und Seelen der Menschen ein wie die Liebe. Aber nichts ist auch so zwiespältig. Denn die Liebe hat viele Gesichter, und die reine Liebe kann man nur durch besondere Übungen erlangen.«

»Was wollt Ihr damit sagen?«

Er lächelte geheimnisvoll.

»Solche Übungen sind nicht für jedermann geeignet, sondern nur für die ganz wenigen, die Gott zu solcher Vollkommenheit aufgerufen hat. Diese Akte sind schon von unserem Herrn Christus vollzogen worden, und zwar mit Magdalena, wie auch von der heiligen Jungfrau mit dem heiligen Johannes.«

Er hob die Hand und deutete auf das Standbild der Jungfrau Maria. »Sieh, die Jungfrau Maria, deren Anmut und weibliche Reize der Bildhauer nachempfunden hat. Sie war von himmlischer Schönheit. Sie hat mit solchen Akten nicht ihre Jungfräulichkeit verloren, sondern sie erst erworben und damit vollkommene Reinheit erreicht.«

Die Novizin starrte den Beichtvater an.

»Ich verstehe Euch nicht.«

Er nahm ihre Hand, und sie sah plötzlich ein mystisches Leuchten in seinen Augen.

»Meine liebe Schwester, ich spreche von den fleischlichen Verbindungen zwischen Männern und Frauen. Unser Geschlecht ist ein Geschenk Gottes. Deshalb müssen wir es achten und ehren wie einen heiligen Schrein. Selbstverständlich ist es nicht nur erlaubt, sondern auch verdienstlich, es zu gebrauchen, vorausgesetzt, Geist und Seele sind mit Gott vereint.«

Sie errötete und wollte ihm ihre Hand entziehen, aber er hielt sie fest.

»Aber die Kirche sagt, daß die Begierde des Fleisches eine Sünde ist und unser Herr durch solche Akte beleidigt wird«, flüsterte sie.

Er beugte sich vor, und sie konnte jetzt seinen heißen Atem spüren.

»Meine Tochter, du darfst nicht alles glauben, was im Namen der Kirche verkündet wird. Auch der Heilige Vater in Rom ist nur ein Mensch wie du und ich. Ein Mensch aus Fleisch und Blut, geistlich im Kopf, aber weltlich im Bauch.«

Die Novizin starrte den Beichtvater entsetzt an.

»Wie könnt Ihr so etwas sagen.«

Er lächelte.

»Glaube mir, es ist die Wahrheit, und solche Akte, von denen ich spreche, können niemals den Herrn beleidigen. Im Gegenteil, sie sind von größter Vollkommenheit und besitzen größeren Wert als das Fasten des heiligen Paulus, des heiligen Antonius und anderer Heiliger. Mit solchen Reinheitsübungen verlierst du nicht deine Jungfräulichkeit. Sie machen dich erst vollkommen.«

Er hob die Hand und streichelte ihre Wange.

»Du bist schön, meine Tochter, schön wie die Jungfrau Maria.«

»Bitte«, flüsterte sie, »laßt mich gehen.«

Sie versuchte sich zu lösen, aber er hielt sie fest.

»Willst du nicht von dem warmen Leben kosten, durch das du Vollkommenheit erlangst?«

»Ich weiß nicht.«
»Komm, ich werde dich unterrichten«, sagte er.
»Hier in der Kirche?« flüsterte sie.
Er nickte.
»Gibt es einen vollkommeneren Ort, um die reine Liebe zu vollziehen?«
Er löste das Band, das seine Kutte in der Taille hielt.
»Beginnen wir mit der ersten Übung. Bete das Vaterunser und danke Gott für das Geschenk, das du erhalten wirst.«

*

Liebesaffären in den Nonnenklöstern – dieses Thema zieht sich wie ein roter Faden durch die lange Kirchengeschichte. Denn ebenso wie die Stellvertreter Gottes führten auch die Bräute Christi nicht immer ein Leben wie Engel. Fielen die ›Sünderinnen‹ auf, kannten die Richter im Vatikan kein Pardon mit ihnen.
Schauplatz eines der größten Skandale war das Kloster Santa Croce in Florenz. Die Hauptangeklagten: der Beichtvater Kanonikus Padolfi Ricasoli de Baroni della Trappolo sowie die Äbtissin Faustina Mainardi.
Einzelheiten ihres Geständnisses finden sich in einem Bericht vom 16. November 1641. Der Chronist schreibt, daß der Beichtvater während des Theologie-Unterrichts den meisten Nonnen in Faustinas Obhut Liebeslektionen erteilt und mit ihnen ›Reinheitsübungen‹ durchgeführt habe. Am Weihnachtsabend schlief er gleich mit zwei Mädchen, »um den Tag mit größerer Andacht begrüßen zu können«.
Er lehrte Faustina bei der Vereinigung die Worte sprechen: »Ich schwöre Dir ab, Satan, Dir und allen Deinen Schändlichkeiten. Und ich vereinige mich mit Dir, Jesus Christus.«
Der Chronist: »Auch erklärte er ihr die Geschichten von David und Ruth und sagte, daß solche Akte niemals den Herrn beleidigen.«

Unter der Anleitung des sexbesessenen Diener Gottes feierte das ganze Kloster erotische Messen und gab sich einer Phallusverehrung hin. Die Geschlechtsorgane wurden zu Heilungszwecken aufgelegt, und Faustina hütete Ricasolis Samen in einem Taschentuch unter der Reliquie des Altars.
Die beiden Hauptangeklagten kamen mit milden Strafen davon. Der Papst erklärte zwar beide zu Ketzern, aber Faustina wurde nicht exkommunziert, weil sie abschwor.
Ricasoli wurde aus der Kirche ausgeschlossen. Als er ebenfalls abschwor, erteilte ihm der Richter im weißen Ornat Absolution. Das Vermögen des Beichtvaters wurde eingezogen, später gab ihm der Papst jedoch einen Teil zurück. Den Rest behielt er, um ein Gefängnis zu bauen.
Schon die heilige Theresia warnte vor dem häufigen Umgang der Beichtväter mit den geweihten Frauen und legte ihnen »eindringlich ans Herz«, wenig mit ihnen zu verkehren, da man »sehr vorsichtig sein muß und tausenderlei Unheil« daraus entstehe.
Die Synode von Aachen bestätigte: »Die Klöster sind die reinen Bordelle.«
Ein Theologe von Papst Benedikt XIII. bekannte: »Den Lebenswandel der Nonnen zu schildern, verbietet mir tatsächlich das Schamgefühl.«
Damit die Nonnen erst gar nicht in Versuchung kommen sollten, hatten Kaiser, Könige und Kirche schon sehr früh in der Geschichte der Klöster strenge Schutzmaßnahmen zur Sicherung des Allerheiligsten der Gottesjungfrauen erlassen.
Bereits Chrysostomos (um 354–407) schrieb: »Eine solche Jungfrau muß man von allen Seiten umschanzen.« Augustinus forderte, die Klosterfrauen von den Mönchen »möglichst weit« zu entfernen.
Cäsarius von Arles verlangte in seinen Mönchs- und Nonnenregeln, in einem Frauenkloster sämtliche Türen bis auf das Kirchenportal zuzumauern.

Auch Karl der Große sah die Keuschheit der Nonnen in Gefahr, befahl die strenge Bewachung der Frauenkonvente und verbot, die Mönchsklöster »in allzu bequemer Nachbarschaft« zu bauen.
Den Synoden waren die »vielen Winkel und dunklen Orte« in den Klöstern ebenfalls ein Dorn im Auge und sie verfügten, »alle Zellen der Nonnen sollten eingerissen, alle verdächtigen Ausgänge und Türen verrammelt« werden. Außerdem forderten sie »würdige Aufseher« und verlangten, die Beichte solle den Nonnen nur in der Kirche vor dem heiligen Altar in der Nähe von Zeugen abgenommen werden. Besondere bauliche Sicherheitsmaßnahmen wurden für die Doppelklöster erlassen. Mönche und Nonnen waren durch eine Mauer getrennt. Gespräche waren nur durch Drehfenster möglich, die keinen Blick auf den anderen zuließen. Bei Prozessionen im Kreuzgang wurden die Geschlechter durch aufgehängte Tücher voneinander getrennt. Und selbst in der Kirche durften die Nonnen nicht singen, um keinen Klosterbruder vom Gebet abzulenken.
Trotzdem waren die Nonnen in ihrem Temperament nicht zu bremsen. In Spanien versuchte man ihnen die Lust am Sex mit hundert Peitschenhieben auszutreiben. Und eine von Bischof Donatius von Besançon verfaßte Nonnenregel drohte den unkeuschen Ordensfrauen sechs, zwölf, fünfzig und mehr Geißelhiebe an.
Wie auch immer: Obwohl die meisten Sex-Affären der Ordensfrauen vertuscht worden sind und im geheimen Archiv des Vatikans zu den Akten gelegt wurden, könnte man mit den bekanntgewordenen Skandalen eine ganze Bibliothek füllen.
In England, wo die ›Bräute des Herrn‹ vorwiegend aus der Unterschicht kamen, waren Liebesromanzen zwischen Fürsten und Nonnen geradezu Tradition. Eine seltene Gastfreundschaft boten auch rumänische Klöster selbst noch in

neuerer Zeit einkehrenden Reisenden: In der Übernachtung war meist ein Schäferstündchen inbegriffen. Ähnlich ging es auch in Rußland zu, wo die Frauenhäuser seit je den Ruf von ›Lasterhöhlen‹ hatten und manchmal in Freudenhäuser verwandelt wurden.
In eine solche russische ›Lasterhöhle‹ verirrte sich Ende des späten 19. Jahrhunderts ein junger Mann. Die Nonnen fielen wie satanische Weiber über ihn her. Sie nahmen ihn vier Wochen in ›Liebeshaft‹ und hurten ihn dabei fast zu Tode. Schließlich war er so geschwächt, daß er nicht mehr fortgehen konnte und langsam dahinsiechte. Aus Furcht vor einem Skandal töteten die Nonnen ihr Opfer schließlich. Dann zerschnitten sie den Toten und versenkten ihn stückweise in einem Brunnen.
Auch in vielen anderen Klöstern Europas kannten die Ordensfrauen bei ihren ausschweifenden Ritualen keine Grenzen. Sie vergnügten sich nicht nur mit Männern. Oft entbrannten die Gott geweihten Jungfrauen auch heftig in Liebe zueinander und bedienten sich allerlei Lustobjekte: künstlicher Glieder oder Kerzen.
Mitte des 19. Jahrhunderts wurde ein solches ›*plaisir des dames*‹ (lateinisch: gaude mihi = es macht mir Freude) in einem österreichischen Frauenkloster entdeckt.
In einem 1908 erschienenen Buch wird der ›Zauberstab‹ detailliert beschrieben:

> »Ein Rohrstück von 21,25 Zentimeter Länge, das sich gegen das eine Ende hin etwas verjüngt, so daß der Durchmesser der breiteren Öffnung vier Zentimeter, derjenige der engeren 3,5 Zentimeter beträgt. Die Ränder beider Enden sind wulstig erhaben und eingekerbt, offenbar in der Absicht, die Friktion beim Gebrauch zu verstärken. Die Oberfläche ist mit obszönen Zeichnungen verziert, die offenbar erotisch wirken sollen: eine

> rohe Umrißzeichnung einer Vulva, eine andere eines erigierten Penis und endlich eine nackte, stark steatopyge Menschenfigur mit erigiertem Penis oder vorgebundenem Phallus. Das Innere des Rohres war stark mit Unschlitt verschmiert.«

Ausgefallene Lustartikel waren bereits in der Renaissance kultiviert worden. Für Damen gab es sogenannte *Bienfaiteur* (Wohltäter): künstliche Phallen mit anhängendem Hodensack voller Milch, die sie beim Höhepunkt zur Steigerung der Lust in ihren Schoß entleeren konnten.
Katharina von Medici – so die Überlieferung – entdeckte einmal nicht weniger als vier solcher barmherzigen ›Samariter‹ im Koffer einer ihrer Hofdamen.
Derartige *›bijoux de religieuse‹* (Nonnenkleinode) waren auch im 17. Jahrhundert in Frankreich bekannt. Die Bordellkönigin Marguerite Gourdan (Petite Comtesse) erhielt angeblich Hunderte von Bestellungen von Nonnen aus französischen Klöstern, die ein solches ›Kleinod‹ haben wollten.
Die berühmteste Puffmutter dieser Epoche war schon damals ihrer Zeit weit voraus und führte eine Art Porno-Versandhandel. Dort wurden die begehrten Stücke naturgetreu modelliert und sogar mit Flüssigkeit gefüllt.
Für das Gerücht, daß es sich um Champagner gehandelt haben soll, gibt es keinen Beleg. Immerhin aber garantierte Madame Gourdan ihren frommen Kundinnen nicht nur einen wilden Kitzel der Sinne, sondern auch einen spritzigen Orgasmus.
Waren keine Männer und auch keine künstlichen Tröster greifbar, nahmen die Bräute des Herrn auch mit Kindern vorlieb. Wegen dieser Mißstände verfügte 1231 die Synode von Rouen »propter scandala«, daß die Nonnen »keine Kinder in Klöstern auf- und erziehen sollen, sie müssen gemeinsam essen und schlafen, jedes in einem besonderen

Bett«. In Spanien ging man noch weiter und befahl 1583, »daß niemand, der nicht die Absicht habe, in den Orden zu treten, weder ein Kind noch eine Erwachsene, im Kloster verbleiben dürfe«.

Das Liebesbedürfnis der Jesusbräute führte in der Einsamkeit der Klöster auch zu anderen kuriosen Erscheinungen. Manche Schwester legte sich einen vierbeinigen Freund zu: einen Hund oder einen Affen. Die Tiere nahmen sie sogar zum Kirchgang mit – wie es vor allem in englischen Klöstern beobachtet wurde.

Manchmal löste das von Stiefmutter Kirche erzwungene Liebesverbot in manchen Klöstern auch Wellen von Depressionen, Hysterie und Psychosen aus.

Eine absonderliche Sitte wurde im 15. Jahrhundert durch eine deutsche Nonne eingeführt. Sie biß einer anderen ins Ohr, was der so gefiel, daß sie wieder eine andere biß. Das ›Ohr-Beißen‹ fand immer mehr Anhängerinnen und breitete sich von einem Kloster zum anderen aus.

In einem französischen Stift war ein anderer Spleen beliebt: Bei jeder Gelegenheit begannen die Ordensfrauen zu miauen. Als die ›Katzenmusik‹ der Regierung zu Ohren kam, schritt sie dagegen ein.

Andere Gottesbräute stürzte der Keuschheitswahn in ein erotisches Delirium. 1565 sollte der niederländische Arzt Johannes Weyer zusammen mit einer Kommission in einem Kölner Kloster neue ›Verzauberungen‹ untersuchen. Die Experten stellten jedoch fest, daß die Nonnen unter Anfällen und Krämpfen litten, deren »erotischer Charakter eindeutig« war.

> »Die Nonnen lagen mit geschlossenen Augen auf dem Rücken, entweder stocksteif oder in Koitusbewegungen. Begonnen hatte das bei einem jungen Mädchen, das unter der Vorstellung litt, sie werde nachts von ihrem Ge-

> liebten besucht. Die Krämpfe, von denen bald das ganze Kloster angesteckt wurde, hatten eingesetzt, nachdem man ein paar Burschen festgenommen hatte, die heimlich nachts bei den Nonnen zu Besuch gewesen waren.«

Zu einer anderen kuriosen ›Infektion‹ kam es ein Jahrhundert später bei den Ursulinerinnen von Auxonne. Zunächst hieß es, acht Schwestern seien vom »Teufel begattet und entjungfert worden«.

Das Parlament von Burgund setzte eine Untersuchungskommission ein. Die Ärzte fanden aber keine Spur von »höllischer Brunst«, dafür aber andere Merkmale: »Hitze, begleitet von einer unauslöschlichen Gier nach Geschlechtsgenuß.«

Da waren die Experten mit ihrem Latein am Ende. Erst als jemand auf die Idee kam, den Patientinnen Weihwasser einzuflößen, fuhr der ›Dämon‹ aus den Nonnenbäuchen, und der faule Zauber war zu Ende.

Kirchliche Exorzisten sollten im gleichen Jahrhundert auch Nonnen desselben Ordens (die Ursulinerinnen von Loudon) erotische Visionen austreiben.

Die Klosterfräuleins waren vom Sex behext. Sie verfielen in Krämpfe, hoben die Röcke, nahmen aufreizende Posen ein, sprangen den Patres an den Hals, masturbierten mit dem Kreuz und kreischten Geilheiten und Zoten.

Das erotische Virus hatte zuerst die Oberin der Abtei, Jeanne des Agnes, befallen. Sie war hübsch und blutjung. In ihrer Selbstbiographie schilderte sie, wie alles begann:

> »Eines Nachts schien ich jemandes Atem zu spüren und hörte eine Stimme sagen: Die Zeit des Widerstandes ist vorüber ... Dann empfand ich unreine Eindrücke in meiner Phantasie und unregelmäßige Bewegungen meines Körpers ... Dann hörte ich ein starkes Geräusch in mei-

nem Zimmer und hatte die Empfindung, daß jemand sich mir näherte, seine Hand an mein Bett schob und mich berührte ... Einige Tage darauf fing ich um Mitternacht am ganzen Körper an zu zittern und empfand eine große geistige Beklemmung, ohne den Grund zu kennen. Nachdem dies eine Weile gedauert hatte, hörte ich Geräusche in verschiedenen Teilen des Zimmers. Der Betschemel, der dicht an meinem Bett stand, wurde umgeworfen. Ich ... wurde gefragt, ob ich mir das vorteilhafte Anbieten, das mir gemacht worden sei, überlegt habe, und es wurde hinzugefügt ... ›Ich gebe dir drei Tage Bedenkzeit‹ ... Ich erhob mich und ging zum heiligen Abendmahl mit ängstlich banger Sorge. Als ich in mein Zimmer zurückkehrte, mich auf einen Stuhl setzte, wurde er unter mir weggezogen, und ich fiel zu Boden. Ich hörte die Stimme eines Mannes, die laszive und angenehme Dinge sagte, um mich zu betören. Er bat mich, im Raum zu meinem Bett zu gehen, er versuchte, mich in unanständiger Weise zu berühren. Ich wehrte mich und verhinderte es, indem ich die Nonnen rief, die in der Nähe meines Zimmers waren. Das Fenster war offen gewesen, jetzt war es geschlossen. Ich empfand starke Liebesgefühle für eine gewisse Person und ein unschickliches Verlangen nach unehrenhaften Dingen.«

Die »starken Liebesgefühle« waren freilich nicht durch einen ›heiligen Geist‹ ausgelöst worden, sondern durch eine »gewisse Person« aus Fleisch und Blut: Den Priester Urbain Grandier, einem blendend aussehenden Charmeur, der für seine Bettgeschichten bekannt war.

Die Oberin war ihm zwar noch nie begegnet, aber seine Verführungskünste und sein männliches Image hatten ihre Phantasie so beflügelt, daß sie ihn unbedingt als Beichtvater begehrte.

Doch der Frauenliebling im schwarzen Talar war nicht frei. Er hatte eine Mätresse, die eifersüchtig über ihn wachte. Daraufhin stellten sich bei Schwester Jeanne glühende Träume ein und bald darauf auch bei anderen Nonnen.
Bis auf zwei der drei Älteren drehten alle durch, und bald glich das ganze Kloster einem erotischen ›Geisterhaus‹. Das mittelalterliche Spektakel dauerte Jahre, und die Zuschauer blieben nicht aus. Fürsten und Priester bestaunten ebenso das wollüstige Geschehen wie das gemeine Volk, das zu Tausenden herbeiströmte.
Ehrwürdige Patres wurden von der Kirche als Teufelsaustreiber bestellt, um die ›Sex-Geister‹ zu verjagen. Keine leichte Aufgabe, wie sich herausstellte. Die unaufhörlichen Anfechtungen des Fleisches forderten ihre Opfer: Zwei Exorzisten und ein Arzt wurden verrückt.
Sechs Jahre lang dauerte das Ringen mit den ›Dämonen‹ in den Nonnenbäuchen. Dann war auch der letzte ausgetrieben. Die mannstollen Ordensfrauen kehrten auf den Pfad der Tugend zurück, geheilt von der Besessenheit zu Abbé Grandier. Ihren Herzensbruder hatte man längst auf dem Scheiterhaufen verbrannt.
Nicht selten bescherte das Dolce vita den Ordensfrauen auch einen außergewöhnlichen Kindersegen. Das Leipziger Thomaskloster hatte den Ruf, ein Weltwunder zu sein, weil es so viele Kinder und doch keine Weiber habe.
Der Franziskaner Murner höhnte: »Wer die meisten Kinder macht, wird als Äbtissin geachtet.«
Und als einst der Bischof von Kastell das Kloster von Söflingen bei Ulm inspizierte, fand er in den Zellen nicht nur Nachschlüssel, aufreizende Kleider und heiße Liebesbriefe, sondern stellte auch fest, daß fast alle Nonnen schwanger waren.
Wurde die Sünde sichtbar, kannte das Gesetz der Kirche im allgemeinen keine Gnade. Die anderen Schwestern rächten

sich oft grausam an der Schwangeren, damit ihr eigenes süßes Leben nicht bekannt wurde.
Von einer solchen Strafaktion im 12. Jahrhundert berichtet Abt Ailred von Revesby. Im Kloster Wattun war eine Nonne schwanger geworden. Daraufhin berieten ihre Schwestern, wie die Sünderin zu bestrafen sei. Einige schlugen vor, sie zu verbrennen, andere wollten sie in glühende Kohlen legen. Schließlich einigte man sich auf eine Gefängnisstrafe. Die Schwangere wurde in Ketten gelegt und in den Kerker geworfen. Kurz vor der Geburt gestand sie dann, daß ihr Geliebter ein geflohener Mönch sei, der sie nachts befreien wollte.
Daraufhin alarmierten die Schwestern ihre Brüder. Ein Patre verkleidete sich als Nonne und legte sich zusammen mit anderen Mönchen auf die Lauer.
Als der abtrünnige Priester kam und seine vermeintliche Geliebte umarmen wollte, ließ sein Klosterbruder den Schleier fallen. Auf dieses Zeichen hin sprangen die anderen Kuttenträger aus ihrem Versteck und packten den Unglücklichen. Dann zwangen sie die Schwangere, ihn zu entmannen, stopften ihr die blutigen Genitalien in den Mund und schleppten beide in den Kerker.
Eine andere Variante der grausamen Sitten: Unerwünschte Nonnenkinder wurden vermutlich sofort nach der Geburt getötet und vergraben. In den geheimen Gemächern mehrerer Klöster fand man Kinderköpfe und Knochen. Aus einem römischen Klosterteich sollen angeblich sechstausend Schädel gefischt worden sein.
Zu Prozessen und Untersuchungen kam es allerdings nicht. Die Spuren versanken im Sand der Geschichte.
Spuren hinterlassen haben nur wenige Verfahren, die vor der heilige Rota, dem ordentlichen päpstlichen Gericht, verhandelt wurden. Der Fall Cenci ist einer davon.
Es mag wohl daran gelegen haben, daß dieser Prozeß im

Jahre 1599 ein ungeheuer großes öffentliches Interesse auslöste. Er war aus dem Stoff, aus dem Sensationen gemacht sind: Im Mittelpunkt stand eine Grafenfamilie, und es ging um Inzest, Sodomie und Vatermord.

Im Geheimarchiv des Vatikans wurde ein abgenutztes und stellenweise schwer leserliches Schriftstück entdeckt, das anscheinend aus der Zeit des Prozesses stammt und über den Fall Cenci berichtet. Es wurde unter dem Pontifikat Klemens VIII. im Italienisch jener Zeit verfaßt und trägt das Datum vom 11. September 1599.

Diesem Protokoll zufolge war Graf Francesco Cenci zur Zeit seines Todes noch nicht ganz fünfzig Jahre alt und bereits dreimal wegen Sodomie zu hohen Geldstrafen verurteilt worden. Der Papst wußte also zumindest teilweise Bescheid, was sich in der Aristokratenfamilie abspielte.

Der Verfasser berichtet, der Graf lebe in so liederlicher Weise, daß er die Knaben, die immer um sein Bett herum waren, zusammen mit Freudenmädchen ins Bett seiner Frau mitnehme. Außerdem versuche er, mit Drohungen und Gewalt seine Tochter Beatrice zu notzüchtigen.

Und weiter heißt es: Der Graf schäme sich nicht, ins Schlafgemach seiner Tochter zu gehen und sie nackt zu betrachten oder im Haus nackt umherzugehen oder sie mit seiner Frau mit ins Bett zu nehmen, so daß sie beim Kerzenlicht sehen konnte, was er und seine Frau zusammen trieben. Außerdem pflege er seiner Tochter Beatrice zu erzählen, daß nämlich, wenn der Vater mit der Tochter schlafe, Heilige geboren würden.

Beatrice war damals sechzehn Jahre alt, und der Chronist beschreibt sie als »klein und rundlich mit einem schönen Gesicht, kleinen Augen, einer scharfgeschnittenen Nase, runden Wangen und welligem blondem Haar«.

Lucrezia, die Gattin des Grafen und Stiefmutter von Beatrice, konnte offenbar wenig zum Schutz des Mädchens tun.

Ebenso erfolglos war auch Monsignore Guerra, ein Priester, der häufig die Grafenfamilie besuchte und die Klagen über den Adeligen hörte.
Von Zeit zu Zeit begab sich der Aristokrat mit seiner Frau und seiner Tochter nach La Rocca Petrella, einer alten verlassenen Bergfestung zwischen Rom und Neapel. Hier soll er seine Frau und seine Tochter monatelang in ein Zimmer eingesperrt und Beatrice mißbraucht haben.
Das Drama nahm seinen Lauf. Die mißhandelten Frauen sahen schließlich nur noch den Ausweg, den Grafen umzubringen. Beatrices Brüder, Giacomo und der junge, geistig zurückgebliebene Bernardo, wurden in den Plan eingeweiht.
Es sollte das perfekte Verbrechen werden. Für die Tat selbst wollte die Familie zwei Mörder dingen: Olimpio Calvetti, der Hausmeister der Burg, mit dem Beatrice angeblich eine Romanze hatte, und ein gewisser Marzio, der ebenfalls in die Grafentochter verliebt war.
Am 9. September 1598 war es soweit. Dem verhaßten Burgherrn wurde Opium in seinen Abendtrunk gemixt. Als die Droge zu wirken begann, schlichen die beiden Mordkomplizen Olimpio und Marzio in sein Schlafgemach.
Sie kamen jedoch nach kurzer Zeit wieder heraus und erklärten: »Wir können den alten Mann nicht im Schlaf töten.«
Daraufhin soll Beatrice einen Wutanfall bekommen haben: »Wenn ihr es nicht tut, dann tue ich es. Aber es wird das Ende von euch beiden sein.«
Die Drohung wirkte. Die beiden Männer gingen zurück in das Zimmer und trieben dem Schlafenden einen eisernen Dorn durch ein Auge in die Kehle.
Nach der Tat wickelten die beiden Frauen den Toten in ein Bettlaken und warfen ihn von einem Balkon auf der Rückseite der Burg. Dort befand sich auch der Durchgang zum Abort.

Das Verbrechen sollte wie ein Unfall aussehen: Als am anderen Morgen die Leiche in dem alten, halb verwilderten Obstgarten gefunden wurde, ließ die Familie verlauten, der Graf sei auf dem Weg zur Toilette hinuntergestürzt.
Doch der Mord war ungeschickt ausgeführt worden. Schon bald nachdem die Familie Cenci nach Rom zurückgekehrt war, tauchten Zweifel an der Unfallversion auf. Ein Beauftragter des Königreiches Neapel leitete eine Untersuchung ein. Die Brüder wurden zuerst vernommen. Zunächst fand sich aber kein Belastungsmaterial.
Dann wurde das Bettlaken entdeckt. Beatrice hatte es einer Wäscherin gegeben und ihr erklärt, sie selbst habe es während der Nacht befleckt.
Als der Untersuchungsrichter die Zeugin verhörte, gab sie an, die Flecken hätten nicht wie Menstruationsblut ausgesehen.
Darauf geriet die Familie Cenci in Panik und beriet sich mit dem Hauspriester Monsignore Guerra. Der Geistliche meinte, es sei sicherer, die Mörder zu beseitigen.
Olimpio wurde kurz darauf in Terni umgebracht. Marzio rettete der Zufall. Bevor man ihn aus dem Weg räumen konnte, wurde er in Neapel wegen einer anderen Straftat verhaftet. Er nahm jedoch an, man habe wegen des Cenci-Mordes nach ihm gefahndet und legte ein umfassenden Geständnis ab.
Die Familie Cenci wurde festgenommen, in der Engelsburg ins Gefängnis geworfen und gefoltert. Die Gräfin und ihr Sohn Giacomo gestanden. Beatrice bestritt zunächst den Vatermord.
Der Chronist: »Erst im Augenblick, als man ihr das wunderschöne Haar abschneiden wollte, verließ sie alle ihre Kraft und sie erkläre: ›Ich werde sagen, was ich weiß.‹«
Auch nach Monsignore Guerra wurde gefahndet. Er war geflohen, hatte sich als Kohlenträger verkleidet und die Bak-

ken mit Brot und Zwiebeln gefüllt, um die Umrisse seines Gesichts zu verändern.
Bald darauf begann der Prozeß gegen Beatrice und ihre Familie. Trotz der großen Sympathie, die man in Rom der Grafentochter entgegenbrachte, ging der Papst streng und unerbittlich gegen die Angeklagte vor.
Die erste Maßnahme von Klemens VIII.: Er wechselte ihren Verteidiger aus, weil er argwöhnte, der Advokat sei in sie verliebt.
Prospero Farinacio, einer der bekanntesten Rechtsgelehrten Roms, übernahm die Verteidigung. Seine Strategie war es, das päpstliche Gericht davon zu überzeugen, daß Beatrice ein Recht gehabt habe, ihre Keuschheit zu verteidigen.
Aufgrund ihres emotionellen Zustandes, so argumentierte er, sei sie vermindert zurechnungsfähig gewesen und verdiene mildernde Umstände. Außerdem meldete der Prominentenanwalt Zweifel an den Geständnissen an, die durch Folter erreicht worden waren.
Auszug aus seinem klassischen Plädoyer:

> »Gott sei bei mir, Heiliger Vater, wenngleich auch Beatrice in gottloser Weise den Tod ihres Vaters Francesco Cenci herbeigeführt hat und es andererseits wahr ist, wie man glaubt, daß Francesco, indem er Beatrice in den Verliesen der Burg Petrella gefangenhielt und sie auf barbarische Weise behandelte, versuchte, ihre Keuschheit zu bezwingen, dann ist es nicht wider Recht und Gesetz zu meinen, daß sie verdient, mit einer gewissen Milde beurteilt zu werden. Bei Plutarch lesen wir von Cyane, die ihren Vater Cyamnus mit einem Schwert erstach, weil er sich sittlich an ihr vergangen hatte, und von Medullina, die ihren Vater Aruntius umbrachte, nachdem er im Rausch sie vergewaltigt hatte. Was immer Beatrice getan haben mag, so muß man der Auffas-

> sung sein, daß sie es aus Angst vor unmittelbarer oder künftiger Gefahr tat, und aus diesem Grund verdient sie den rechtlichen Milderungsgrund, daß sie in Verteidigung ihrer Ehre einen Mord begangen hat.«

Auch für Beatrices' geistig zurückgebliebenen Bruder Bernardo bat der Anwalt den Papst um ein mildes Urteil:

> »Wiederum gebe ich Euer Heiligkeit die Einfältigkeit und Verstandesblödigkeit dieses Jünglings zu bedenken, welche es durchaus nicht erstaunlich macht, daß er aller Wahrscheinlichkeit dem Einfluß seines Bruders Giacomo nachgegeben und sich hat überreden lassen, seine Zustimmung zu geben. Folglich sollte ihm nach meiner Meinung aufgrund seines Schwachsinns und seiner Blödheit, zu der noch sein zartes Alter hinzukommt, die gewöhnliche Strafe erlassen werden.«

Wegen seiner Jugend war Bernardo nicht gefoltert worden, doch der Anwalt war der Meinung, daß die Angst vor der Folter auch seine Aussage verzerrt habe.

> »Heiliger Vater, ich kann nicht unterlassen zu sagen, daß Bernardos Geständnis zwar im allgemeinen wahr sein mag, daß man aber nicht anführen darf, er müsse, da es ohne Anwendung der Folter herauskam, als spontanes Geständnis betrachtet werden. Die Angst vor der Folter veranlaßte höchstwahrscheinlich diesen Knaben, so zu gestehen, wie er tat.«

Alle diese klassischen Milderungsumstände, die der Verteidiger ins Feld führte, konnten jedoch das päpstliche Gericht nicht überzeugen. Auch nicht die zahlreichen Gesuche um Milde, die von prominenten Bürgern eingereicht wurden.

Beatrice, ihr Bruder Giacomo und ihre Stiefmutter Lucrezia wurden zum Tode verurteilt. Der junge Bernardo zu lebenslänglichem Galeerendienst.
Das Todesurteil wurde am 11. September 1599 vollstreckt, ein Jahr und zwei Tage nach dem Vatermord.
Giacomo starb zuerst. Mit einer glühenden Zange riß man ihm das Fleisch vom Leib, dann flocht man ihn aufs Rad und vierteilte ihn.
Die beiden Frauen wurden enthauptet.
»Beatrice traf zu Fuß an der Stätte ein«, schrieb der Chronist. »Ihr Kleid war so, wie die Nonnen es tragen, weinfarben mit großen Ärmeln und einem breiten Gürtel und einem Silberschleier. Die Ärmel des Gewandes darunter waren sehr weit und ließen ihre Arme sehen. In der einen Hand hielt sie das Kruzifix, in der anderen ein Taschentuch, um sich die Augen zu trocknen und den Schweiß vom Gesicht zu wischen. Im Augenblick der Hinrichtung ließ sie ihre weißen, mit Bändern und Spitzen verzierten Pantoffeln am Fuß der Treppe stehen und bot sehr rasch ihren Nacken der Klinge und rückte sich dabei selbst zurecht, damit der Scharfrichter sie nicht berühre.«
Zur Abschreckung mußte ihr jüngster Bruder Bernardo der Hinrichtung beiwohnen. Später wurde die Leiche seiner Schwester an einen abgelegenen Ort gebracht, gewaschen und in ein weißes, mit Blumen geschmücktes Gewand gekleidet.
Beim Begräbnis zeigte sich, daß viele Bürger auf ihrer Seite waren. Ein Trauerzug mit fünfhundert Fackelträgern begleitete sie zu ihrer letzten Ruhestätte – nahe Raffaels »Verklärung« in der Peterskirche zu Montorio.
Bernardo, ihr junger Bruder, wurde ein Jahr später vom Papst begnadigt. Doch die millionenschweren Güter der Familie Cenci, die eine zuverlässige Einnahmequelle darstellten, wurden eingezogen und gingen in den Besitz des Vatikans über.

X
Die Kinder der Päpste
Ihre Amouren, ihre Karrieren und ihre Macht

Nebelschwaden zogen durch die Gassen der Ewigen Stadt, als Laura sich auf den Weg zum Viertel der Absteigen und Spielhöllen, der Prostituierten und Zuhälter machte.

Die Straßen waren wie leergefegt. In den einfachen Herbergen entlang des Tiber drängten sich fromme Pilger, während die reichen Familien in ihren Palästen die Feuerstellen schürten und mit Künstlern und Kurtisanen Hof hielten.

Jeder suchte ein warmes Plätzchen. Auch Laura wäre normalerweise nicht mehr vor die Tür gegangen, aber es handelte sich um einen besonderen Auftrag. In dieser Nacht war ihre Kunst als Geburtshelferin ebenso gefragt wie ihr Wissen als Ruffiana, Kupplerin und Beraterin.

Sie verstand sich auf diese Dinge wie keine zweite. Schon so manchem jungen Mädchen hatte sie geholfen.

Während Laura über die Tiberbrücke ging und in eine Seitengasse einbog, dachte sie an all die jungen Dinger, die täglich nach Rom kamen und davon träumten, eines Tages die Mätresse eines reichen Edelmanns oder eines Kardinals zu werden. Aber nur ganz wenige schafften den Aufstieg in die Paläste der Reichen. Die meisten endeten mit ihren unehelichen Kindern in der Gosse.

Laura kannte dieses Leben. Sie war selbst einmal eine Schönheit gewesen, und viele Männer hatten sie begehrt. Jetzt war sie alt, die Haut in ihrem Gesicht faltig, das schulterlange Haar grau.

Aber sie brauchte keine Angst vor dem Alter haben. Ihre Kenntnisse als Ruffiana waren gefragt wie nie. Wenn sie Glück hatte, würde sie sogar in dieser Nacht ein unbezahlbares Geheimnis erfahren. Und wenn sie geschickt vorging, konnte sie sich mit diesem Wissen eine Goldader erschließen.

Sie hatte jetzt das Viertel der Bordelle und Absteigen erreicht. Tagsüber waren die Straßen von Lebemännern und

Pilgern erfüllt, die hier ein Abenteuer suchten. Jetzt wirkten sie verlassen, und nur das gelbe Licht in den Fenstern der Schenken lockte verheißungsvoll.
Der Wind peitschte ihr gefrierenden Regen ins Gesicht. Sie hielt sich das Tuch vor den Mund, das sie über den Kopf gezogen hatte. Ein kurzes Stück noch, dann war sie am Ziel.
Die Weinschänke lag am Ende der Gasse. Schon von draußen konnte sie hören, daß hier noch zu später Stunde gezecht wurde.
Sie öffnete die schwere Eichentür und ließ ihren Blick durch den Raum gleiten. Zu ihrer Linken schlug ein Lautenspieler die Akkorde zu einem Trinklied an. Es herrschte eine ausgelassene Stimmung. Die Gäste grölten bei jeder zweideutigen Textstelle.
Rechts hockten mehrere Söldner in einer Ecke und würfelten um hohe Einsätze. Daneben saßen drei Kaufleute aus Venedig. Laura erkannte sie an ihren Hosen, die an der Seite geschlitzt waren, wie es gerade Mode war.
Die Männer interessierten sich für die junge, hübsche Wirtstochter und warfen ihr eindeutige Blicke zu, während sie ihnen die Weinkrüge nachfüllte. Ihrem Vater, der zusammen mit seiner Frau hinter dem langen Tresen stand, schien das nicht zu gefallen. Er gab seiner Tochter ein Zeichen. Daraufhin verschwand sie auf der Treppe zum Obergeschoß.
Laura ging auf die Wirtsfrau zu.
»Ihr habt nach mir rufen lassen.«
Die Frau nickte und wischte sich die Hände an der Schürze ab.
»Gut, daß Ihr Euch beeilt habt. Es ist bald soweit.«
»Wo befindet sich das Mädchen?«
Die Wirtin deutete auf die Treppe.
»Im Obergeschoß. Meine Tochter wird Euch den Weg zeigen.«

Laura ging zum Aufgang, wo das Mädchen im Halbdunkel wartete. Sie stiegen die Treppe empor und erreichten einen schmalen Korridor.
»Die Kammer liegt am Ende des Ganges«, sagte das Mädchen.
Laura sah, daß die Tür einen Spaltbreit aufstand. Ein schmaler Lichtstreifen fiel in den Flur.
Sie öffnete die Tür ganz und trat in die kleine Stube. Der Raum war feucht und roch muffig. Kerzenschein flackerte über die Lehmwände. Die schweren Deckenbalken warfen schwarze Schatten auf die groben Bodendielen. Auf einem Strohbett lag eine junge Frau.
Laura stellte ihr Bündel ab.
»Wann haben die Wehen eingesetzt?«
»Vor etwa zwei Stunden.«
Laura schlug das Bettlaken zurück und tastete den Bauch der Schwangeren ab.
»Das Kind liegt gut. Es wird keine Schwierigkeiten geben.«
»Wirklich nicht?«
Laura lächelte listig.
»Es ist doch immer das gleiche mit euch jungen Dingern. Spaß wollt ihr alle haben, den hohen Herren dienen und nach Möglichkeit dabei noch reich und angesehen werden. Und wenn die Folgen auf die Welt kommen, sind die Herren Väter nicht mehr zu sprechen. Das heulende Elend beginnt. Wenn ihr doch nur vorher darüber nachdenken würdet, wer die hungrigen Mäuler stopfen soll. Wer ist denn der Vater?«
Die junge Frau antwortete nicht und blickte zur Tür, wo die Wirtstochter abwartend stand. Laura sah die Neugierde in ihren Augen.
»Sei so gut und hol mir eine Schüssel heißes Wasser, mein Kind«, sagte sie. »Und bring mir auch ein paar frische Leintücher und neue Kerzen.«
Die Wirtstochter zögerte einen Moment lang.

»Nun beeil dich schon!« sagte Laura.
Erst jetzt verließ das Mädchen die Kammer.
Laura beugte sich über die Schwangere.
»Also, wer ist der Vater?«
Die junge Frau biß sich auf die Lippen.
»Warum vertraust du mir nicht?« sagte Laura. »Ich will dir doch helfen.«
»Wie kannst du mir helfen?«
In Lauras Augen trat ein listiger Ausdruck.
»Schon so manchem Vater, der geheim bleiben wollte, habe ich klargemacht, daß Stillschweigen etwas kostet. Wer zeugt, der zahlt. So einfach ist das, mein Kind. Also, wer ist es?«
»Ich war im letzten Jahr mehrfach im Palast eines Kardinals eingeladen«, begann die junge Frau zögernd. »Auf einem dieser Feste bin ich dem Heiligen Vater begegnet.«
»Und?«
»Er hat Gefallen an mir gefunden.«
»Was willst du damit sagen?«
»Er hat mich in den Vatikan bestellt.«
Laura starrte die Schwangere an.
»Erzähl mir keine Geschichten!«
Die junge Frau wich dem bohrenden Blick nicht aus.
»Es ist die Wahrheit.«
»Und was geschah dann?«
»Der Heilige Vater war äußerst vorsichtig. Er ließ mich von einem Arzt untersuchen, um sicherzugehen, daß ich keine ansteckende Krankheit habe. Außerdem mußte ich schwören, mit keinem anderen Mann zu verkehren.«
»Und da war tatsächlich kein anderer im Spiel?«
Die Schwangere senkte den Blick.
»Antworte!« sagte Laura.
»Du weißt, daß der Heilige Vater einen Sohn hat«, sagte die junge Frau und brach ab.
»Ihm warst du also auch zu Diensten«, stellte Laura fest.

Die Schwangere nickte.
Laura begann zu kichern.
»Dann bleibt wenigstens alles in der Familie.«
Sie wurde wieder ernst.
»Weiß der Heilige Vater, daß du ein Kind in deinem Bauch trägst?«
Die junge Frau nickte.
»Wie hat er reagiert?«
»Er ließ mir ein Säckchen Dukaten zukommen. Dafür mußte ich ihm versprechen, niemandem ein Sterbenswörtchen zu erzählen.«
»Ich verstehe«, sagte Laura. »So sind die Männer. Der Papst macht da keine Ausnahme. Du brauchst jetzt eine erfahrene Beraterin. Denn jeder Schritt muß genau überlegt werden.«
Sie betastete erneut den Bauch der Schwangeren.
»Zunächst mußt du aber dein Kapital gesund zur Welt bringen. Ich bin sicher, daß wir dann unbegrenzten Kredit bekommen. Kredit für deinen päpstlichen Bastard...«

Mit dem alten Gesetz des Zölibats nahmen es die Päpste nicht so genau. Sie verdammten zwar alle, die gegen das priesterliche Keuschheitsgebot verstießen, selber aber genossen sie jene Freuden in vollen Zügen, die sie so glühend verteufelten.
Manche trieben es im geheimen und versuchten ihre Kinder zu verstecken nach der Devise: »Denn nur was schreit, ist eine Sünde.« Andere gingen in aller Öffentlichkeit ihren Leidenschaften nach und standen zu ihren zahlreichen ehelichen und unehelichen Kindern.
Die meisten Affären der ›himmlischen Führer‹ fielen in die Zeit vor ihrem Amtsantritt. Viele von ihnen zogen dann gleich mit ihren Kindern im Vatikan ein und sorgten auch dort für weiteren Nachwuchs, um ihre Macht zu festigen.
Aber nicht nur in heimischen Gefilden nahmen es die Päp-

ste mit den Zehn Geboten nicht so genau. Auch wenn sie auf Dienstreise und Pilgerfahrt gingen, taten sie sich keinen Zwang an. An fahrenden ›Fräulein‹ fehlte es nicht. Zu den Konzilen in Basel und Konstanz wallfahrteten angeblich fünfzehnhundert himmlische ›Engel‹. Sie schlugen ihr Lager nahe den großen Kirchenversammlungen auf. Je mehr Enthaltsamkeit dort gepredigt wurde, desto besser florierte das Geschäft der ›Haremsdamen‹. Reisende Beamte konnten die Liebeshonorare sogar als Spesen absetzen.

Einige der Freudenmädchen wurden reich. Von einer Wiener Dirne wird berichtet, daß sie beim Konstanzer Konzil achthundert Goldgulden für ihre Dienste kassierte.

Reich wurden auch die meisten der Papstkinder. Und viele von ihnen erlangten sogar noch größere Berühmtheit als ihre ›unfehlbaren‹ Väter. Die Töchter wurden auf dem Heiratsmarkt der europäischen Fürstenhäuser wie Aktien gehandelt, denn der päpstliche Segen war so manchem Freier Gold wert.

Die Söhne der Herrscher auf dem apostolischen Stuhl vertraten in erster Linie die wirtschaftlichen Interessen des Vatikans. Ob als Kardinäle oder *Condottiere*, sie setzten mit eisenharter Hand die Familienpolitik durch.

Mordkomplotte gehörten genauso zu ihrem Geschäft wie Intrigen und Profitsucht. Dabei übertrafen sie die berühmten Väter oft noch an Durchtriebenheit und List.

Franceschetto Cibo war einer von ihnen. Wie sein Vater, Giovanni Battista Cibo, der als Innozenz VIII. (1484–1492) am Rad der römischen Intrigen mitdrehte, interessierte sich Franceschetto vor allem für das Glücksspiel und die schönen Frauen.

Er war Stammgast in den Spielhöllen der Ewigen Stadt. Außerdem soll Cibo einem anderen sehr unchristlichen Gewerbe nachgegangen sein: Er war Spezialist für Einbrüche, und sein Name versetzte die Römer in Angst und Schrecken.

Die triebhafte Energie dieses Papstsohnes war typisch für seine Zeit. In Rom herrschte das Faustrecht.
So schreibt ein Chronist über diese Epoche:

> »Blutrache und Gewalttaten jeder Art bildeten das Gepräge der römischen Gesellschaft, wie die italienische Natur überhaupt im letzten Drittel des 15. Jahrhunderts den Zug dämonischer Leidenschaft zeigt. Tyrannenmorde, Verschwörungen, Treuebrüche sind überall an der Tagesordnung. Eine frevelhafte Selbstsucht greift um sich, der schreckliche Grundsatz wird reif, daß der Zweck die Mittel heiligt. Mit Schauder lesen wir heute die Berichte von den massenhaften Abschlachtungen der Barone Neapels, wozu der schwache Papst nach einigen schüchternen Vorstellungen furchtsam schwieg.«

Weiter heißt es in dem Bericht:

> »Jeden Morgen enthüllten die Schauder der Nacht die Erdolchten, welche auf den Straßen lagen. Man plünderte Pilger, selbst Gesandte vor den Toren der Stadt aus. Die Nepoten verkauften schamlos das Recht.«

Und zu diesen Nepoten gehörte auch der junge Cibo. Denn während man mittellose Mörder in der Torre di Nona aufknüpfte, konnten finanzkräftige Galgenvögel Freibriefe des Papstes kaufen.
Franceschetto kassierte fleißig mit: Er hatte einen Vertrag mit dem Vizekämmerer des Papstes. Jedes Strafgeld über hundertfünfzig Dukaten floß in seine Tasche, die kleineren Beträge fielen dem Kämmerer zu.
Unter Innozenz VIII. und seinem geschäftstüchtigen Sohn bürgerten sich in Rom derartige Sitten ein, daß selbst hartgesottene Zeitgenossen sich wunderten.

So schrieb Lorenzo de' Medici kurz vor seinem Tod an seinen Sohn Giovanni:

> »In prächtigen Palästen, umgeben von dem ausgesuchtesten Luxus einer hochentwickelten Kultur, leben diese Kardinäle ganz wie weltliche Fürsten und scheinen ihr geistliches Kleid nur als Standesornat zu betrachten. Sie jagen, spielen um hohe Summen, geben schwelgerische Gastmähler, feiern üppige Feste, nehmen an dem ausgelassenen Karnevalstreiben teil und geben sich in sittlicher Beziehung Ausschweifungen hin.«

Ähnlich wie die Söhne der Päpste spielten auch die Töchter eine wichtige Rolle beim Poker der Kirchenväter um die Macht und die Millionen des Klerus.
So gelangte auch Franceschettos Schwester Teodorina zu zweifelhaftem Ruhm. Sie war die erste Frau, die zur ›Kronprinzessin‹ eines Heiligen Vaters erhoben wurde und galt als eine der besten Partien ihrer Zeit.
An Berühmtheit wurde sie nur von einer Papsttochter übertroffen: von Lucrezia Borgia.
Ihre Kritiker bezeichnen sie als »Hexe der Renaissance« und »klerikale Hure«. Ihre Bewunderer sehen in ihr eine der schönsten Frauen ihrer Zeit, und manche erkannten in ihr eines der reizvollsten Modelle des Malers Raffael wieder: die unantastbare Jungfrau.
Viele Geschichtsforscher haben inzwischen ein ganz anderes Bild von der schönen Papsttochter skizziert. Das Bild eines Opfers. Ein willenloses Opfer in den Händen ihres Vaters, für den sie nur eine »dynastische Handelsware« war. Eine Ware, die er nach Belieben mehrfach verheiratete.
Am 12. Juni 1493 betrat Lucrezia die Bühne der Familienpolitik: Adriana Mila Orsini, einst eine intime Vertraute des Papstes, schmückte die junge Braut im Palast bei Santa Ma-

ria in Portico zu ihrer Vermählung. Allein Lucrezias Hochzeitskleid soll fünfzehntausend Golddukaten gekostet haben.

Eingehüllt in golddurchwirkten Brokat, ließ das Mädchen mit den goldenen Locken die Zeremonie über sich ergehen und erwartete ihren Bräutigam, Giovanni Sforza, den Grafen von Pesaro.

Die Hochzeit war eines der prächtigsten und größten Ereignisse des Jahres. Das Volk drängte sich vor dem Palast. Ganz Rom wollte der Braut seine Glückwünsche aussprechen.

Alle Botschafter waren im Vatikan versammelt, als der Bräutigam erschien. Um den Hals trug der junge Graf eine schwere Goldkette, die er sich extra für diesen Anlaß geliehen hatte.

Kurz zuvor hatte Giovanni Sforza beim Heiligen Vater vorgesprochen und den wohl ungewöhnlichsten Brauthandel in der Kirchenpolitik besiegelt: Er bot dem Papst die Dienste des Staates Pesaro an und forderte dafür als Pfand die schöne Lucrezia.

Politik war wichtiger als das Eheglück. Es stand von Anfang an unter einem ungünstigen Stern.

Als Lucrezia mit dem Grafen in Pesaro einzog, war die ganze Stadt angetreten, um dem Brautpaar die Honneurs zu machen. Doch plötzlich setzte ein ungewöhnlicher Wolkenbruch ein. Die Begrüßungsfeier fiel buchstäblich ins Wasser. Bereits kurz darauf, im Sommer, wurde Lucrezia krank.

Als dies der Papst erfuhr, schrieb er ihr:

> »Donna Lucrezia, meine vielgeliebte Tochter, in großer Sorge um Dich haben Wir vier oder fünf schmerzliche, sorgenschwere Tage ausgestanden, denn böse Gerüchte gingen in Rom um, welche, wenn nicht gar von Deinem

Tod, so doch von einem hoffnungslosen Zustand sprachen. Du kannst den Schmerz Unseres Herzens ahnen, Du, die Du ja die große und tiefe Liebe kennst, die Wir für Dich haben, und solange Wir nicht einen Brief aus Deiner eigenen Hand sahen, der Uns bezeugte, daß Du bei gutem Befinden bist, fanden Wir keine Ruhe. Wir danken Gott und der wunderbaren Jungfrau, daß sie Dich aus der Gefahr gerettet haben, und sei versichert, daß Wir Uns nicht eher zufrieden geben, bis Wir Dich selbst gesehen haben.«

Ist dieser Brief ein Beweis dafür, daß Alexander VI. mehr für seine Tochter empfand als Vaterliebe?
Diesen Verdacht haben verschiedene Chronisten ausgesprochen. Sie berichteten, daß sich der Papst ungehindert durch einen Gang über die Sixtina in ihre Gemächer des päpstlichen Frauenhauses bei Santa Maria in Portico begeben konnte.
Außerdem ist in diesen Chroniken von zahlreichen Exzessen des Heiligen Vaters die Rede, an denen seine Tochter teilgenommen habe. Zusammen hätten sie junge Hengste und Stuten beobachtet, die im Garten des Vatikans kopulierten. Bei dem Schauspiel sei auch sein Sohn Cesare anwesend gewesen.
Glaubt man diesen Berichten, dann setzte der Papst alles daran, um seine Tochter zurückzugewinnen. Er wollte sie nicht mit dem Grafen von Pesaro teilen und ließ sich einen neuen machtpolitischen Schachzug einfallen.
Ihre Ehe mit Giovanni war für ihn dabei kein Hindernis. Drei Jahre später war es soweit. Mit einem Federstrich und kraft seines Amtes erklärte er die Heirat für »null und nichtig«. Doch der Bräutigam wollte sich nicht so ohne weiteres dem Machtwort seines allmächtigen Schwiegervaters beugen und suchte Rat und Hilfe beim Fürsten Ludovico il

Moro in Mailand. Vergebens. Schließlich mußte er sich doch der päpstlichen Amtsgewalt fügen und Lucrezia freigeben. Alexander schloß seine geliebte Tochter in die Arme: Jetzt konnte er sie wieder als ›Dame‹ im politischen Schachspiel benutzen.

Aber zunächst sollte es anders kommen. Zwar stimmte sie der Scheidung zu, aber dann ging sie ihre eigenen Wege. Sie hatte ein Liebesverhältnis mit Pedro Calderon, der ihrem Vater als Gesandter diente.

Die Romanze blieb nicht ohne Folgen. Kurz nach der Scheidung gebar Lucrezia ihren ersten Sohn.

Den Vater traf die Rache der Borgia. Er hatte ihnen einen ›Bastard‹ ins Nest gesetzt, der gar nicht in die Pläne der Familie paßte.

Ein tödlicher Fauxpas: Bruder Cesare stellte den Liebhaber der Schwester zum Duell, tötete ihn und warf ihn in den Tiber.

Bereits kurze Zeit später hatte der Papst einen neuen Heiratskandidaten auf seiner Wunschliste stehen, der ihm standesgemäß erschien und ins politische Konzept paßte: Alfonso di Bisceghié, Bruder der Prinzessin von Squillace und Sohn von König Alfons II. von Neapel und Sizilien.

Aber auch die zweite Ehe, die im engsten Kreis geschlossen wurde, sollte Lucrezia kein Glück bringen. Aufgrund politischer Verwicklungen mußte ihr Mann schon bald aus Rom fliehen, sie selbst wurde auf Wunsch des Papstes in Spoleto in Sicherheit gebracht.

Erst als ihr Sohn Rodrigo geboren wurde, wagte sie sich nach Rom zurück. Alfonso folgte ihr. Ein tödlicher Fehler. Kurze Zeit später wurde er im Vatikan umgebracht – vermutlich vom Bruder seiner eigenen Frau.

Lucrezia beklagte sich über den Tod ihres Mannes beim Papst. Doch ihr Vater zeigte wenig Verständnis, und sie zog daraufhin nach Nepi, ihrem Landsitz, zurück.

Verschiedenen Berichten zufolge scheint das Verhältnis zwischen Alexander VI. und seiner Tochter in dieser Zeit abgekühlt zu sein. »Der Papst liebt seine Tochter nicht mehr«, hieß es.
Doch Lucrezia hielt es nicht lange auf dem Land aus. Noch bevor der Winter begann, kehrte sie nach Rom zurück. Dort stand der nächste Ehekandidat bereits auf der Warteliste: Alfonso d'Este aus Ferrara.
Wieder ein politischer Schachzug.
Lucrezia zeigte zunächst wenig Begeisterung für den Wunschkandidaten ihres Vater. Als der Papst sie nach den Gründen fragte, soll sie geantwortet haben: »Weil jeder, der mich heiratet, ins Unglück stürzt.«
Schließlich beugte sie sich doch den Familieninteressen der Borgia und willigte in die Standesehe ein. Diesmal sollten sich jedoch die aristokratischen Spielregeln gegen sie wenden.
Für ihren dritten Ehemann war sie zunächst nur ein schönes Aushängeschild, dessen er sich bediente, um seine politische Macht zu festigen. Im kultivierten Haus der Grafenfamilie wurde sie von oben herab behandelt. Für die Este war sie eine Borgia, zwar reich und mächtig, doch die »klerikale Hure« und »blutschänderische Tochter« des Papstes.
Ein Ruf, der sich über Jahrhunderte hielt, nach heutigem Wissensstand aber durch Verleumdung entstand.
Trotz all dieser Anklagen scheint Lucrezia letztlich mit ihrem dritten Mann im Laufe der Jahre glücklich geworden zu sein. Sie hatte mit ihm sechs Kinder, von denen zwei bald nach der Geburt starben, und entwickelte sich an seiner Seite zu einer angesehenen Förderin der Künste, zog Dichter und Gelehrte an ihren Hof. Im Alter von neununddreißig Jahren starb sie in Ferrara.
Nicht alle Papstkinder starben eines natürlichen Todes.

Viele fanden ein jähes Ende. Lucrezias Bruder Juan, Herzog von Gandia, ereilte das Schicksal schon in jungen Jahren. Nach einem gemeinsamen Abendessen mit seinem Bruder Cesare bei der Papstgeliebten Vanozza de Cattanei, der Mutter Lucrezias, wurde er nachts auf offener Straße überfallen und getötet. Die Täter waren maskiert und warfen die Leiche in den Tiber. Später fand man den verstümmelten Körper.

In Rom ging bald das Gerücht um, der eigene Bruder habe den Herzog umbringen lassen. Das Motiv: Eifersucht.

Der Chronist della Pigna sprach ganz offen in einem Brief diesen Verdacht aus: »Wiederum habe ich gehört, daß am Tode des Herzogs von Gandia sein Bruder Cesare Schuld trage ... ein sicherer Freund hat mir die Todesnachricht hinterbracht ...«

Cesare Borgia – über keinen anderes Papstsohn sind sich die Historiker in ihrem Urteil so einig: Er schrieb die Geschichte Roms mit Blut.

Sein Machthunger machte nicht einmal vor der eigenen Familie halt. Wer ihm im Weg stand, mußte mit dem Tod rechnen.

Selbst der Papst wagte es nicht, den eigenen Sohn anzuklagen. Auch nicht, als es um Mord am Herzog von Gandia ging. Seine Heiligkeit leitete zwar eine Untersuchung ein, beklagte den ›Sittenverfall‹ in der Stadt und zog sich zur Buße in ein Kloster zurück, doch die Ermittlungen gegen den eigenen Sohn verliefen im Sande. Cesare hatte sich nach Neapel abgesetzt.

Erst als Gras über die Kain-und-Abel-Geschichte gewachsen war, kehrte er unter dem Jubel der Kardinäle nach Rom zurück. Aber er war nicht länger am Kardinalspurpur und einer Karriere im Vatikan interessiert. Ihn lockten neue Abenteuer.

Alexander VI. willigte ein. Am 17. August 1497 war es dann

soweit. Mit dem Segen der Kardinäle erhielt Cesare den Dispens und durfte den roten Hut abnehmen.
Wieder ein politischer Schachzug?
Offenbar dachte der Papst an die eheliche Zukunft seines Sohnes, wobei er das mächtige Frankreich im Blick hatte. Er empfahl Cesare dem französischen König als das »Teuerste«, was er auf Erden besitze.
Reich beladen machte sich der junge Borgia auf den Weg. Er wollte um die Hand von Charlotte von Aragonien anhalten. Seine Mitgift betrug zweihunderttausend Dukaten.
Doch die Hofdame von Anna de Bretagne gab ihm einen Korb. Schlimmer noch. Sie machte sich über ihn lustig. »Kardinälin werde ich nie«, mit diesen Worten soll sie seinen Heiratsantrag kommentiert haben.
Cesare war tief in seiner Männlichkeit gekränkt. Doch dank des Zuspruchs von Ludwig XII. kam er schließlich doch zum Zuge bei einer anderen Prinzessin aus dem französischen Königshaus: Charlotte d'Albret von Navarra. 1499 gab der Papst die Eheschließung seines Sohnes bekannt.
Cesare startete eine neue Karriere als Truppenführer, die der Chronist Gregorovius mit einem »schrecklichen Drama« verglich.
Unterstützt von seinem Vater begann Cesare einen beispiellosen Feldzug um Macht und Besitz in Italien. Um seine Söldnerarmee finanzieren zu können, war ihm jedes Mittel recht. So zwang er seinen Vater, zwölf neue Kardinäle zu ernennen. Hundertzwanzigtausend Dukaten kostete der Purpurhut. Die Einnahmen flossen in die Kriegskasse.
Kurze Zeit später hatte er sein erstes Ziel erreicht: Sein Vater ernannte ihn zum Herzog der Romagna.
Cesares Eroberungssucht kannte keine Grenzen. Auch Urbino fiel in seine Hand, und er bemächtigte sich der Reichtümer der Federigos. Jetzt nannte er sich »Cesare Borgia von Frankreich, durch Gottes Gnade Herzog der Romagna

und von Valence und Urbino, Fürst von Andria, Herr von Piombino, *Gonfaloniere* und Generalkapitän der römischen Kirche«.
Er war zum mächtigsten Mann Italiens aufgestiegen. Aber zu welchem Preis?
Francesco Matarazzo, Verfasser der »Chronik der Stadt Perugia von 1492–1503«, hat es auf den Punkt gebracht: »Alles, was er errungen hatte, verdankte er nur dem Verbrechen und dem Verrat. Darin war er der Lehrmeister seiner Zeit, deren Politik er vergiftet hat.«
Aber auch Cesares Untergang war vorprogrammiert, denn nach dem Tod seines Vaters stand er völlig unter der Kontrolle der Franzosen.
Zwar bestätigte Alexanders Nachfolger Pius III. noch einmal den Anspruch der Borgia auf die Romagna, aber Julius II. machte Cesare politisch endgültig den Garaus.
Entmachtet fiel er 1507 in der Schlacht von Navarra.

XI
Die geheimen Archive des Vatikans
Von den Liebesprotokollen bis zu den »Kurtisanengesprächen« des Aretino

Noch heute suchen die Historiker nach Dokumenten zur Geschichte der Päpste, denn vieles liegt auch in unserem Jahrhundert noch im dunkeln. Immer wieder werden die Geschichtsforscher fündig: Nicht nur in den Archiven des Vatikans, sondern auch in den zahlreichen Stadtarchiven Italiens tauchen unbekannte Dokumente über das Leben der Kirchenfürsten auf.
Die Korrespondenz der Päpste ging in alle Welt, und es ist nicht auszuschließen, daß zwischen jahrhundertealten Akten noch das eine oder andere kirchenpolitische Testament oder Liebesprotokoll verborgen liegt.
Die Päpste selbst faßten ihre eigene Geschichte natürlich in goldene Lettern. Sie unterhielten Schreibstuben mit Hunderten von Künstlern, die die päpstlichen Glanzleistungen und Heldentaten in ellenlangen Lobeshymnen für die Nachwelt verewigten.
Aber es sind nicht nur die Urkunden und Briefwechsel der Heiligen Väter, die das Bild des Papsttums bestimmen. Auch andere zeitgenössische Berichte schildern das Leben im Lateran, in der Engelsburg und im Vatikanspalast, wenngleich aus einem ganz anderen Blickwinkel.
Denn auch die Gegner der ›Wikinger Gottes‹ brachten zu Protokoll, was sich im ›Meisterwerk Kirche‹ abspielte. Sie berichteten ungeschönt über Intrigen und Meuchelmorde, über Vetternwirtschaft und Prunkgelage.
Außerdem zeichnet die Literatur der einzelnen Epochen ein farbiges Bild vom Leben der Päpste und Kardinäle. Schreiber und Chronisten berichteten über die wahren Verhältnisse im Vatikan, Diplomaten aus den italienischen Stadtstaaten schilderten ihren Herren, wie es um die Macht in Rom bestellt war.
Die wichtigste Quelle der Geschichtsforschung bleibt natürlich das ›Geheimarchiv‹ des Vatikans, das immer noch eine Fundgrube für historische Schlagzeilen ist.

Es hat eine wechselhafte Geschichte mitgemacht. Tausende von Unterlagen wurden gesammelt, in Kartons verpackt, in staubigen Aktenordnern abgelegt. Vieles verschwand für immer im ›Giftschrank‹ und wurde unter Verschluß gehalten. An anderen Dokumenten nagte der Zahn der Zeit: Schriftstücke vergilbten, wurden zerfressen, verfielen zu Staub.

Oft wurde dieses Archiv aber auch von den Päpsten selbst ›gesäubert‹. Denn immer, wenn die Macht des Heiligen Vaters in Rom bedroht war und er den Stuhl Petri bei Nacht und Nebel verlassen mußte, wurden nur die wichtigsten Dokumente mitgenommen.

Alles, was den Papst gegenüber seinen Feinden hätte belasten können, wurde auf die Seite geschafft. Wenn die Zeit dazu nicht blieb, wurde dieses ›Belastungsmaterial‹ einfach vernichtet.

Unwichtige Papiere, die man in der Kürze der Zeit nicht mehr mitnehmen konnte, hinterließ man den neuen Eroberern. Und diese gingen weder mit der Bevölkerung der Stadt noch mit den päpstlichen Dokumenten zimperlich um. Viele zerstörten in blinder Wut alles, was sie vorfanden.

Mit jedem Sturm auf die Stadt wurden wichtige Akten vernichtet, die Aufschluß über Aktivitäten der Päpste hätten geben können.

So zum Beispiel zur Zeit von Gregor VII. (1073–1085). Damals hatte der Papst die Sarazenen im Kampf gegen den Kaiser zu Hilfe gerufen. Die Truppen aus dem Morgenland wendeten sich aber gegen ihren Auftraggeber: Nicht weniger gewalttätig als in früheren Zeiten die Goten und Vandalen zerstörten sie alles, was in ihre Hände fiel, und setzten das Archiv in Brand.

Andere Urkunden wurden von den Päpsten an geheimen Orten versteckt. Oft ließen sie bei drohender Gefahr die wichtigsten Unterlagen an verborgenen Stellen einmauern, um die Dokumente vor dem Zugriff der anstürmenden Truppen zu verstecken. Wahrscheinlich schlummern noch heute solche wichtigen Schriftstücke in den Mauern des Vatikans und werden wohl nie mehr ans Licht der Geschichte gelangen.

Denn niemand kennt die Verstecke. Die Päpste nahmen ihr Wissen mit ins Grab. Oft waren die Stellvertreter Gottes bei ihrem Tod bereits entmachtet, bedeutungslos und vergessen. Ihre letzten Geheimnisse werden für immer unentdeckt bleiben.

Doch immer wieder bietet das geheime Vatikanarchiv Überraschungen. Auch noch im 20. Jahrhundert. So fand der deutsche Historiker Ludwig Pastor Dokumente, die neues Licht auf die Papstgeschichte warfen.

Er enthüllte beispielsweise interessante Details über das Verhältnis zwischen Papst Alexander VI. (1492–1503), seiner Geliebten Julia Farnese und seiner Tochter Lucrezia.

In einem Brief, den Pastor fand, schreibt Lucrezia an ihren päpstlichen Vater:

> »Mein einziger Wunsch, und ich kann an nichts anderes denken, ist, in der Nähe Eurer Heiligkeit zu weilen, und im Schatten Eurer Heiligkeit zu leben … mir scheint, als sei ich hier am Ende der Welt.«

Die Worte Lucrezias belegen, wie schwer ihr die Trennung von ihrem päpstlichen Vater gefallen ist. Und auch die Zeilen seiner Geliebten Julia Farnese sind eine eindeutige Liebeserklärung:

> »Wenn Eure Heiligkeit glaubt, wir verbrächten unsere Zeit hier glücklich und in Freuden, so täuscht Ihr Euch sehr. Ich kann mich so weit weg von Eurer Heiligkeit

> nicht an Vergnügungen ergötzen – wo mein Schatz ist, dort ist auch mein Herz.«

Die Geliebte des Papstes schließt ihren Brief, indem sie ihm sagt, wie sehr sie begehrt, wieder die Füße des Heiligen Vaters küssen zu dürfen.
Auch Alexander VI. schrieb seiner Geliebten nach längerer Abwesenheit von Rom recht freimütig.
In seinem berühmten Brief »Julia ingrata et perfida« drückt er der Geliebten Julia seine ganze Enttäuschung über ihre Abwesenheit von Rom aus. Seine Worte zeigen, wie groß seine Angst war, die Geliebte könne sich von ihm abwenden:

> »Jetzt aber tust Du das Gegenteil und setztest Dein Leben aufs Spiel, um nach Bassanello zu reisen, und ich glaube, Du tust es nur, um wieder von diesem Pferd schwanger zu werden ... unter Strafe der Exkommunikation und der ewigen Verfluchung befehlen Wir Dir ...«

Nicht alle Päpste waren so offen wie Alexander. Viele Liebschaften bleiben für immer geheim.
Auch in den römischen Stadtarchiven liegen Tausende von Dokumenten, Notarsakten und Schriftstücke, die den Historikern Rätsel aufgeben. Nur wenige ausgebildete Spezialisten sind in der Lage, die alten Schriften zu entziffern und zu interpretieren. Die Dokumente lesen sich nicht so einfach wie ein zeitgenössisches Buch, sondern sind oft in komplizierten Abbreviaturen, Abkürzungen, verfaßt.
Selbst innerhalb einer Epoche müssen die hochspezialisierten Paläographen, die Handschriftenkundler, daher Hunderte von verschiedenen Schriften lesen. Oft kann ein kleiner Haken oder Bogen am Ende eines Wortes den Sinn des ganzen Dokumentes auf den Kopf stellen.

Die Schreiber dieser Schriftstücke bedienten sich der altertümlichen Form der Stenographie vor allem, um die endlos langen Formeln und Floskeln in den Notarsverträgen schneller formulieren zu können. Jeder von ihnen entwikkelte dabei seine ganz persönliche Handschrift.
Ausländische Besetzer und Eroberer konnten mit diesen Dokumenten daher recht wenig anfangen. Schnell gerieten sie in den Archiven der Klöster, Abteien und Städte in Vergessenheit. Ihr heutiger Zustand ist oft sehr schlecht: Feuchtigkeit und Hitze machten die Dokumente im Laufe der Jahrhunderte unleserlich.
So haben sicher schon viele Forscher hochbrisante Dokumente in den Händen gehalten, die sie wieder zur Seite legten, weil sie sie einfach nicht entziffern konnten oder nicht verstanden.
Trotz all dieser Schwierigkeiten werden immer wieder ›neue‹ Dokumente entdeckt. Denn zwischen alten Familienstammbüchern und Unterlagen über Kapellenstiftungen finden sich manchmal wichtige Verträge: für den Bau einer päpstlichen Villa, beispielsweise. Wenn die Historiker Glück haben, liegen sogar die alten Zeichnungen und Grundrisse bei den Dokumenten. Die Rechnungen können dann manchmal belegen, wie reich und verschwenderisch die römischen Herrscher gebaut haben.
Wesentlich aussagekräftiger sind aber die zahllosen Briefe der Berichterstatter, die die damalige Welt über die Vorgänge im Vatikan in Kenntnis setzten.
Zu diesen Chronisten gehörten vor allem die ersten Journalisten. Diese Männer waren die sogenannten *Menanti*, die Verfasser der *Avvisi*, der Nachrichtenbriefe. Sie trugen oft ›Belastungsmaterial‹ gegen die Päpste zusammen.
Ihre Auftraggeber waren die reichen Fürsten und Könige, die an Hintergrundinformationen interessiert waren.
Die *Menanti* unterhielten ein kompliziertes System von In-

formanten, das bis in die Spitzen des Klerus reichte. Sie wußten jederzeit, was im Vatikan vor sich ging. Manchmal wurden sie jedoch wieder von ihren Vorgesetzten durchschaut, selbst bespitzelt oder absichtlich mit Falschinformationen versehen.

Durch geschickte Täuschungen konnten sie die Politik beeinflussen und Dinge bewegen. Vieles wurde hinzugefügt und entstellt.

Die Nachrichtenbriefe hatten häufig eine Grundinformation, gingen aber in den Einzelheiten über das hinaus, was sich wirklich im ›sündhaften Rom‹ abspielte.

So mancher Berichterstatter wird bei seinem »Bericht aus Rom« übertrieben haben, wenn die Nachrichtenlage für eine seriöse Meldung nicht ausreichte. Dennoch hatten ihre Kolumnen immer einen wahren Kern, der die Mächtigen in Schwierigkeiten bringen konnte.

Der berühmteste dieser Schreiber war Pietro Aretino. Ein Mann, der bei den Päpsten ein und aus ging und dessen Ruhm bis in die heutige Zeit reicht.

Dieser Urvater des Journalismus entwickelte mit seiner Kunst nicht nur einen neuen Beruf, er brachte gleichzeitig Päpste wie Könige in Verlegenheit. Denn Aretino war, anders als viele seiner Kollegen heute, die als Klatschkolumnist unter der Rubrik »Aus Diplomatie und Gesellschaft« firmieren würden, ein Machtfaktor.

Ein Mann, der mit den Großen der Zeit an einem Tisch saß.

Vor ihm hatten Könige und Päpste Respekt. Seine Informationen bezog er aus erster Hand. Außerdem war er einer der wichtigsten Literaten der italienischen Geschichte und begeisterte mit seinem Witz und seiner beißenden Ironie nicht nur die Zeitgenossen. Noch heute zählen seine Bücher zu den Standardwerken der Literatur.

Vermutlich war er nicht nur über die Vorgänge im Rom sei-

ner eigenen Zeit bestens informiert, sondern kannte auch die Geschichte des Papsttums früherer Epochen.
In der Renaissance waren natürlich die Geschichten der Päpste wie von Urban VI. (1378–1389) bekannt, dem 1378 dreizehn Kardinäle davonliefen und die den Pontifex einen »Antichrist, Teufel, Renegaten, Tyrannen und Betrüger und durch die Gewalt Gewählten« nannten.
Für Aretino waren die Kirche und das Papsttum nicht unangreifbar, und die Kurie war immer Gegenstand seiner harten Kritik. Sein Urteil basierte auf eigener Erfahrung.
Wenn Papst Bonifatius VIII. (1294–1303) gefordert hatte: »Für die Erlösung der Menschheit ist es unerläßlich, daß jedes menschliche Geschöpf dem römischen Pontifex Maximus untertan sei«, so benahm sich Aretino solchen Forderungen gegenüber eher respektlos.
Er verstand sich in dem, was er schrieb, nicht als »Herr über die Wahrheit«, sondern als »Sekretär der ganzen Welt«. Und als solcher berichtete er vor allem über die Vorgänge in Rom.
Dabei erlangte er selbst genauso viel Berühmtheit wie die Männer, über die er sich lustig machte, die er mit seinem Spott in Schwierigkeiten brachte. Den »Göttlichen« nannten ihn seine Bewunderer, und seine Geliebten waren stolz darauf, sich »Aretinerinnen« zu nennen.
Selbst eine Pferderasse wurde nach ihm benannt. Papst Urban VII. (1590) hatte dem Dichter ein Pferd geschenkt, das der Rasse den Namen Aretino gab. Der Dichter berichtet das später selbst voller Stolz.
Seinen eigenen Ruhm genoß er noch zu Lebzeiten, und sein Bild schmückte zahlreiche Kannen, Teller und Vasen, die in Murano hergestellt wurden.
Es war ein Freund der Dichter, Denker und Künstler seiner Zeit. Sein Urteil galt in Rom gleichermaßen wie in Venedig: Der Maler Tizian schätzte Aretinos Rat und Meinung. Zum

Dank malte er den Freund in gebieterischer Pose: »Vor seinem satirischen Talent zittern die Leute.«
Kirchliche und fürstliche Würdenträger baten um seinen Rat, sein Urteil bestimmte die öffentliche Meinung mit.
Aretinos Sprachwitz und Wortgewandtheit machten ihn nicht nur bei den Großen der Zeit beliebt. Er stammte aus einem kleinen Dorf in der Toskana und traf auch den Humor des einfachen Volkes, aus dem er stammte.
Er selbst behauptete zwar immer, von adeliger Abstammung zu sein. Glaubhafte Quellen lassen aber vermuten, daß sein Vater ein Schuster namens Luca gewesen ist.
Die Mutter war eine schöne Frau mit Namen Tita, die einem Bildhauer in Arezzo Modell für eine Madonna gestanden haben soll.
Von seiner Geburtsstadt Arezzo, in der Pietro Aretino am 20. April 1492 an der Wende zur Neuzeit geboren wurde, leitete er auch seinen Nachnamen ab: Aretino. Als ›Aretiner‹ befand er sich in bester Gesellschaft, denn von hier stammten berühmte Männer, wie Giorgio Vasari, der Vater der Kunstgeschichte, und der Dichter Petrarca.
Bevor Aretino zu Ruhm und Ehre in Rom gelangte, hat er verschiedene Berufe ausgeübt. Vom Straßensänger über Stallknecht bis hin zum Bettelmönch, Henkersknecht und Geldverleiher soll er so ziemlich alles ausprobiert haben; selbst als Steuereintreiber und Lustknabe wohlhabender Leute sei er tätig gewesen. Den Detailkenntnissen seiner »Kurtisanengespräche« nach zu urteilen ist es durchaus vorstellbar, daß er einschlägige Erfahrungen in diesem Gewerbe gemacht hat.
Nach einer Buchbinderlehre betrat er dann die literarische Bühne. Sein erstes Buch »Neue Werke des höchst fruchtbaren jungen Malers Pietro Aretino« war allerdings ein Reinfall.
Erfolg hatte er erst mit fünfundzwanzig Jahren in Rom.

Denn hier entwickelte er unter den Fittichen seines Gönners Agostino Chigi in der Villa Farnese sein wahres Talent. Bei den prächtigen Gastmählern mit Päpsten, Kardinälen und Kurtisanen gehörte sein beißender Spott bald zum ›guten Ton‹. Natürlich immer dosiert und mit den nötigen Schmeicheleien für seine mächtigen Gönner versehen. Aber gewiß machte er sich bei manchen dieser Feste auch Feinde. Seine zynische Kunst zielte darauf, Mißstände aufzudecken: Bestechung, Vetternwirtschaft, Heuchelei in der römischen Kirche, das Liebesleben der Kardinäle und der Adeligen. Keiner wurde von seiner spitzen Feder verschont. Erbarmungslos gab Aretino sein Wissen um Macht und Intrigen preis, wann immer er einen Vorteil daraus ziehen konnte.
Und dieses Geschäft beherrschte er perfekt: Die von ihm Vorgeführten erkauften sein zukünftiges Schweigen mit barer Münze. Aretino ließ sich seine Diskretion von den Kardinälen und Adeligen mit goldenen Dukaten und kostbaren Geschenken bezahlen.
So stieg er in Rom schnell zu einem angesehenen Mann auf, von dem selbst seine Kritiker sagten: »Er wandelt nun durch Rom wie ein Herzog gekleidet.«
Selbst der Papst konnte es sich nicht leisten, einen Mann wie Aretino zum Feind zu haben. So schreibt ein Zeitgenosse:

> »Er macht alle wilden Streiche des Adels mit. Er zahlt seinen Eintritt bei ihnen mit elegant verkleideten Kränkungen, mit denen er sie amüsiert. Er spricht gut und kennt jede anrüchige Anekdote in der Stadt. Die Este und Gonzaga promenieren Arm in Arm mit ihm und lauschen seinem Geschwätz. Er behandelt sie mit Respekt und alle anderen mit Hochmut. Er lebt von dem, was sie ihm geben. Vor seinem satirischen Talent zittern die Leute, und er schwelgt in allen Nachreden, die ihn ei-

nen zynischen, schamlosen Verleumder nennen. Er brauchte nur eine fixe Pension. Und er erhielt sie jetzt vom Papste, als er diesem ein zweitrangiges Poem widmete.«

Ob es wirklich ein Gedicht war, wofür er vom Pontifex Maximus bezahlt wurde? Oder war es die Tatsache, daß er einiges verschwieg, was den Lebenswandel des Papstes anging? Wir wissen es nicht.
Aretino stand zeit seines Lebens zu seinem eigenen ausschweifenden Lebensstil, anders als die Heuchler um ihn herum. Er bekannte sich zu diesem Leben in aller Öffentlichkeit und machte sich für seine Feinde dadurch unangreifbar.
Seine Gegner sagten ihm nach, sein Bett habe nicht nur jungen Frauen und Männern offengestanden, sondern er habe auch Sodomie betrieben. Ein Vorwurf, über den Aretino nur lachen konnte, zu dem er öffentlich stand und sich damit sogar brüstete.
Und auch die Päpste störte sein Lebenswandel nicht weiter, im Gegenteil: Sie umwarben den literarischen Paradiesvogel. Er war ebenso verhaßt wie geschätzt und konnte sich jede Freiheit herausnehmen.
Den entscheidenden Durchbruch seiner Karriere in Rom erlangte er am Vatikan. Auf dem Heiligen Stuhl regierte ein Medici nach dem Motto: »Laßt uns das Papsttum genießen, da Gott es uns verliehen hat.«
Im Jahr 1516 war Papst Leo X. (1513–1521) über den Tod seines Lieblingselefanten, ein Geschenk des portugiesischen Königs, tief getroffen. Aretino nutzte die Gelegenheit und ermunterte den Papst durch eine Satire: »Das Testament des Elefanten.«
In diesem »Letzten Willen des Dickhäuters« geht es den Kardinälen an den guten Ruf. Denn Aretino beschreibt das

Lotterleben der Kardinäle so drastisch und präzise, wie die Römer es ihren geistlichen Würdenträgern nachsagten.
Der Papst amüsierte sich dermaßen über das Werk, daß er nicht nur seinen Kummer vergaß, sondern den Bankier Chigi bat, er möge ihm den Dichter als Unterhalter überlassen. Aretino hatte einen neuen Gönner gefunden.
Leo X. schätzte den Dichter genauso wie später Papst Klemenz VII. (1523–1534), der ihm aus Dankbarkeit ein Pferd schenkte.
Natürlich setzten die Päpste den scharfen Denker auch für ihre politischen Interessen ein. Aretino wußte nicht nur anrüchige Geschichten zu erzählen, sondern konnte durch geschickte Informationspolitik jeden guten Ruf zerstören.
Auch die mächtigen Könige und Kaiser hofierten den scharfzüngigen Literaten. Kaiser Karl V. bediente sich seiner bissigen Kunst später genauso wie der französische König Franz I.
Aretino wurde dank der eben erst erfundenen Buchdruckerkunst nicht nur in Italien, sondern in ganz Europa gelesen. Seine Spottgeschichten und Pamphlete amüsierten das gesamte christliche Abendland: Schwarz auf weiß konnte jeder lesen, welcher Kardinal sich in Rom in welchem Bordell herumtrieb.
Das hatte Folgen: Nur knapp entging Aretino einem Mordanschlag, den ein Bischof auf ihn ausüben ließ, der sich von dem Dichter bloßgestellt fühlte.
Und so ging in Rom das geflügelte Wort um: »Gott schütze jeden vor seiner Zunge!« In einem zeitgenössischen Schäferspiel hieß es sogar, niemand könne in Rom etwas werden, ohne sich um die Gunst des Aretino zu bemühen.
Sein Ansehen festigte sich nach dem Tod Leos X. weiterhin. Sicher hatte das auch mit dem ›Pasquino‹ zu tun, einem Marmortorso in der Nähe der Piazza Navona.
Das Standbild hat seinen Namen angeblich nach einem

Schneider erhalten, der für seine spitze Zunge bekannt war. An diese Figur hefteten die Römer ihre Kommentare zum Geschehen in der Stadt und funktionierten sie zu einer Art Litfaßsäule um.
Hier war taufrisch nachzulesen, was Stadtgespräch war, und jeder konnte die Regierung und den Papst öffentlich tadeln.
Als die Kardinäle sich nach dem Tod Leos im Konklave wieder einmal über den neuen Pontifex nicht einigen konnten, wurde der Pasquino zum Sprachrohr der Römer: In bösen Stellungnahmen spotteten sie über den Heiligen Stuhl und die Kardinäle. Respektlos ließen sie sich über die Kandidaten aus, die sie alle für »unqualifiziert« hielten.
Auch hier war Aretino der unübertroffene Meister römischer »Dichtkunst«: In seinen »51 Sonetten« nannte er Rom »den Schwanz der Welt«, beschimpfte alle Kandidaten: Bei dem einen sei der Steiß klüger als der Kopf, für einen anderen stimmten nur die Huren und die Zuhälter, ein dritter habe nur die Toten auf seiner Seite.
Der Nachfolger Papst Leos, der sittengestrenge Hadrian VI. (1522–1523), versuchte dann auch, dem losen Mundwerk und der spitzen Feder des Aretino ein Ende zu machen.
Hadrian war ein Mann mit Prinzipien: Den Priestern verbot der Pontifex die Bärte, weil sie wie Soldaten aussähen, den Kardinälen warf er ihren Lebensstil vor, der Königen gleichkäme, die Huren verbannte er aus der heiligen Stadt.
Aretino antwortete auf seine Art. Schon vor dem Amtsantritt des neuen Papstes nannte er ihn einen »flämischen Schulmeister«, der »durch das Los und göttliche Stupidität« gewählt worden sei, die Kardinäle nannte er »Verräter am Blute Christi«.
Hadrian, der »holländisch-deutsche Barbar«, so ging das Gerücht, wollte sogar die Sixtinische Kapelle niederreißen lassen, deren Gemälde ihm wie für »ein Badezimmer für

Nackte« geschaffen vorgekommen seien. Eine unglaubliche Vorstellung, sicher nicht nur für Aretino.

Der Papst drohte den Schreibern vom Pasquino mit drastischen Maßnahmen. Er werde sie in den Tiber werfen, wenn er sie erwische.

Für Aretino wurde es Zeit, sich aus Rom zu verabschieden. Neue Betätigungsfelder gab es genug. Zunächst blieb er in kirchlichen Diensten und ging zu Kardinal Giulio de' Medici nach Florenz. Später freundete er sich mit dem Condottiere Giovanni de' Medici an und lernte durch ihn König Franz I. von Frankreich kennen.

Zwei Jahre später bestieg Kardinal Giulio als Klemens VII. den Heiligen Stuhl, und für Aretino war der Weg nach Rom wieder frei.

Allerdings sollte er nicht lange bleiben.

Diesmal wurden ihm erotische Drucke zum Verhängnis.

Der Kupferstecher Marcantonio Raimondi hatte nämlich, wenn auch nur zum privaten Gebrauch, Zeichnungen des Malers Giulio Romano vervielfältigt. Aretino schrieb als Dritter im Bunde zu jeder der sechzehn Liebesszenen ein entsprechendes Sonett. Die Varianten erotischer Stellungen kursierten natürlich sofort in Liebhaberkreisen.

Für die Kritiker der Künstler waren die Darstellungen »äußerste Zuchtlosigkeit«.

Die Zeiten hatten sich geändert. Selbst Aretinos Freund Vasari schrieb, er wisse nicht, was häßlicher sei, »der Anblick der Stiche für die Augen oder die Worte Aretinos für die Ohren«.

Der Kupferstecher mußte ins Gefängnis, nach dem Maler wurde gefahndet, und Aretino hielt es wieder einmal für ratsam, Rom den Rücken zu kehren.

Aber sein Aufenthalt in Reggio dauerte nicht lange, und er kehrte schnell an den Tiber zurück.

Wieder blieb er glücklos. Im Sommer des Jahres 1525

wurde er nachts überfallen und durch Dolchstöße schwer verletzt. Man munkelte, hinter dem Anschlag habe ein Günstling des Papstes gesteckt, der sich von Aretinos Spott getroffen fühlte.

Der Dichter beschloß daraufhin, Rom endgültig Lebewohl zu sagen.

Er fand in Venedig eine freundliche Aufnahme durch seinen Freund und Gönner, den Dogen Andrea Gritti. Aretino schwor ihm, kein böses Wort über die Lagunenstadt zu schreiben.

Ein Schwur, dem er treu blieb.

Mit Rom beschäftigte sich die »Geißel der Fürsten«, wie er jetzt vom Volk anerkennend genannt wurde, aber weiterhin. Er sagte sogar die Verwüstung der heiligen Stadt, den Sacco di Roma, im Jahre 1527 durch Kaiser Karl V. voraus. Der Kaiser zählte übrigens auch zu seinen Gönnern.

Nach seinem Tode rechneten die Päpste mit ihm ab: Alle seine Werke wurden auf den Index gesetzt und verboten. Die Begeisterung des Volkes an seiner Kunst konnte damit aber nicht gebremst werden, denn wie kein anderer benutzte er dessen Sprache: offen und direkt.

Aretino stand immer im Mittelpunkt harter Kritik und Auseinandersetzung. Der Historiker Gregorovius nannte seine Werke »moralische Syphilis am geistigen Organismus der Nation«.

Für Hermann Grimm stellt er »ein Phänomen der Unsittlichkeit ...« dar, »... wie es in keinem Volk zu irgendeiner Zeit gesehen ward«.

Hermann Kesten sieht ihn anders. Für ihn ist Aretino »die Zeitung Europas«.

Gestorben ist er am 21. Oktober 1556 im Alter von vierundsechzig Jahren. Es geht das Gerücht, er sei vom Stuhl gefallen, als ihm seine Schwester einen frechen Witz erzählte. Aretino hatte sich totgelacht.

Anhang

Kurzbiographien der Päpste

Alexander VI. (1492–1503)
Rodrigo de Borja (Borgia) gelangte durch einen ausgekli
gelten Plan der Ämterverteilung im Vatikan an die Mach
Kritische Historiker bezeichnen ihn als »vollkommene
Verbrecher« und als »formlosen Sohn des Chaos«. Wie kei
anderer setzte er auch auf dem Stuhl Petri sein weltliche
Leben fort. Insgesamt hatte er mit verschiedenen Mätre:
sen neun Kinder, von denen zwei besondere Berühmthe
erlangten: sein Sohn Cesare als Mörder und Intrigant, seir
schöne Tochter Lucrezia als »dynastische Handelsware«. S
wurde vom Papst mehrfach verheiratet. Religion war für il
ren Vater nur eine Phrase, die Kirche lediglich eine Kostün
frage. Gestorben ist er vermutlich durch Gift, das eigentlic
für einen seiner Kardinäle bestimmt war, aber irrtümlic
von ihm selbst und seinem Sohn genommen wurde.

Benedikt IV. (900–903)
Der gebürtige Römer und Parteigänger Formosus' hielt sic
drei Jahre auf dem Heiligen Stuhl. Er regierte zu einer Zei
als Rom durch heftige politische Wirren erschüttert wurd
Historiker schätzen ihn als zurückhaltend ein und lobe
ihn wegen seiner Mildtätigkeit gegenüber Mittellosen.

Benedikt IX. (1032–1045)
Über Theophylakt, Graf von Tusculum, berichtet der Hist
riker Ferdinand Gregorovius, er »führte im Palast des Lat
ran ungehindert das Leben eines türkischen Sultans; er un
seine Familie erfüllten Rom mit Raub und Mord«. Der sp
tere Papst Viktor III., Abt Desiderius von Montecassin
fügte zum Geschichtsbild Benedikts hinzu, daß manches ir

Leben dieses Papstes für den Chronisten unaussprechlich sei. Theophylakt machte den Stuhl des heiligen Petrus zum Handelsobjekt für Meistbietende und verscherbelte sogar die eigene Tiara. Später kaufte er sie zurück. Über den Tod des römischen Tyrannen ist nichts bekannt.

Bonifatius VI. (896)
Nur vierzehn Tage konnte sich der mehrfach des Amtes enthobene Papst im Vatikan halten, dann starb er angeblich an einem Gichtanfall. Laut Synodenbeschluß sollte er völlig aus der Papstliste gestrichen werden. Dennoch wird Bonifatius VI. offiziell gezählt.

Bonifatius VII. (984–985)
Bonifatius herrschte in Rom wie ein Diktator und ließ zwei seiner Vorgänger ermorden. Nach etwa einem Jahr der Tyrannei wurde er selbst umgebracht. Die verstümmelte Leiche schleifte der römische Pöbel durch die Straßen.

Bonifatius VIII. (1294–1303)
Benedetto Gaetani war kein Kind von Traurigkeit. Die Rechnungsbücher dieses Pontifex belegen, daß er Riesensummen für das Dolce vita ausgab. Ein Kardinal schrieb über eines der Gelage des Papstes: »Es ist wohl besser, wenn wir dieses Fest, das im privaten Rahmen stattfand, geheimhalten.« Seinen aufwendigen Lebensstil finanzierte Bonifatius mit dem Verkauf von Bullen: Pergament wurde zu Hunderten von Pfund herbeigeschafft. Vor seinen Kardinälen kostümierte er sich mal als Kaiser, mal als Papst und rief aus: »Ego sum Caesar, ego imperator.«

Calixtus III. (1455–1458)
Mit seiner Herrschaft in Rom begann ein dunkles Kapitel der Papstgeschichte. Alonso de Borja, seit Damasus I. der

erste spanische Pontifex, brachte seine ganze Familie mit in den Vatikan und leitete damit den späteren Verfall des Papsttums ein. Er machte seinen Neffen Rodrigo zum Kardinal, der später als Alexander VI. die Macht ergriff.

Christophorus (903–904)
Der gebürtige Römer stürzte seinen Vorgänger Leo V. durch einen Putsch. Aber auch ihn selbst ereilte schon bald dieses Schicksal: Er wurde seiner Insignien beraubt und wie sein Vorgänger Leo ins Verlies gesteckt.

Cölestin V. (1294)
Vor der Wahl von Pietro del Murrone blieb der Papststuhl siebenundzwanzig Monate vakant. Erst nach dieser langen Zeit konnten sich die Kardinäle einigen. Doch bereits nach einem halben Jahr dankte Cölestin wieder ab und wurde von seinem Nachfolger Bonifatius VIII. bis zu seinem Tod 1296 in Dauerhaft gehalten. 1313 wurde Cölestin von Klemenz V. heiliggesprochen.

Formosus (891–896)
Formosus wurde vor seiner Anwaltschaft auf den Heiligen Stuhl bereits exkommuniziert. Später ließ ihn Papst Johannes VIII. jedoch wieder zur Laienkommunion zu, und der »Mann von außergewöhnlicher Intelligenz« wurde letztlich sogar Nachfolger von Stephan V. »Berühmt« wurde er erst nach seinem Tod: Seine Gegner schändeten seine Leiche und hackten ihr die Schwurfinger der rechten Hand ab.

Gregor V. (996–999)
Bruno von Kärnten war der erste deutsche Papst. Ein Priester von herausragender Bildung. Er soll nicht nur lateinisch, sondern auch auf Französisch und Deutsch gepredigt haben. Sein plötzlicher Tod im Alter von siebenundzwanzig

Jahren ließ vermuten, er sei vergiftet worden. Wahrscheinlich ist er aber an Malaria gestorben.

Gregor VI. (1045–1046)
Johannes Gratianus stammte aus dem reichen, ursprünglich jüdischen Haus der Pierleoni, die mit dem Grafen von Tusculum verwandt waren. Er selbst war Taufpate von Benedikt IX. und gelangte, wie viele Päpste vor ihm, nur durch den Verkauf von kirchlichen Ämtern an die Tiara. Im Gegensatz zu seinen Vorgängern soll er sich wenigstens teilweise um die Belange der Kirche gekümmert haben. Auf dem Heiligen Stuhl konnte er sich nur ein gutes Jahr halten. Er starb im Kölner Exil 1047.

Gregor VII. (1073–1085)
Der Kirchenlehrer Petrus Damiani nannte Gregor den »heiligen Satan«. Hildebrand von Sovano/Pitigliano stammte vermutlich aus dem Haus der Grafen von Tusculum. Er gilt als Begründer der monarchischen Papstherrschaft und legte Wert auf den Fußkuß und kaiserliche Insignien. Der Kriegsherr auf dem Papststuhl regierte nach der Devise: »Verflucht, wer sein Schwert reinhält vom Blut.«

Gregor XI. (1370—1378)
Ein Rekordpapst: Die Kardinäle wählten Pierre Roger de Beaufort in nur zwei Tagen. Er hatte eine vorbildliche Kirchenkarriere hinter sich, denn schon mit elf Jahren war er Kanonikus von Rodez und Paris. Er war der letzte der Avignon-Päpste und forderte mehrfach die Rückkehr des Papsttums nach Rom.

Hadrian VI. (1522–1523)
Hadrian Florensz d'Edel hatte sich als sittenstrenger Holländer vorgenommen, mit der Vetternwirtschaft im Vatikan

aufzuräumen. Aber gegen die Mächtigen von Rom hatte er keine Chance. Die Römer verhöhnten ihn deshalb und spotteten über den Papst, der den Schuldenberg seines Vorgängers kaum abtragen konnte.

Innozenz VI. (1352–1362)
Etienne Aubert entwickelte sich in seiner zehnjährigen Amtszeit zum Spezialisten in Sachen Vetternwirtschaft. Überall bevorzugte er seine Landsleute, die Limousiner. Gleich vier Verwandte ernannte er zu Kardinälen, drei wurden Bischöfe.

Innozenz VIII. (1484–1492)
Der völlig ungebildete Giovanni Battista Cibo aus Genua hatte nur ein Interesse: Geld. Er wurde vor allem durch die Hexenbulle »Summis desiderantes affectibus« bekannt, die die furchtbare Ausrottung vieler Unschuldiger legalisierte. Sein Sohn Franceschetto trieb sich in Roms Spielhöllen herum und verübte Einbrüche. Kirchenpolitisch war Innozenz eine Marionette des späteren Julius II., der ihm in einer simonistischen Wahl zur Macht verholfen hatte.

Johannes VIII. (872–882)
Der gebürtige Römer gilt als das erste Mordopfer auf dem Stuhle Petri. Vermutlich wurde er von Mitgliedern aus seinem eigenen Gefolge zunächst vergiftet. Als der Tod nicht sofort eintrat, erschlug man ihn.

Johannes IX. (898–900)
Johannes von Tivoli wurde zum Oberhirten der Kirche gewählt, nachdem Sergius Graf von Tusculum vergeblich versucht hatte, nach dem Tod Theodors II. den Stuhl Petri zu erobern. Das Leben des Benediktinermönches, der von

Papst Formosus zum Priester geweiht worden war, liegt weitgehend im dunkeln.

Johannes X. (914–928)
Dieser Papst, eigentlich Johannes von Tossignano, erlangte die Tiara durch eine Bettgeschichte. Sein Amt verdankte er der Senatrix Theodora von Tusculum. Sie war seine Mätresse. Er interessierte sich mehr für das Kriegshandwerk als für die Kirche. Der Pontifex machte außerdem einen Fünfjährigen zum Erzbischof von Reims. Als Johannes nach seinem Sieg über die Sarazenen zu mächtig wurde, fiel er der mächtigen Marozia selbst zum Opfer: Die Herrscherin von Rom ließ den Papst einkerkern und später ermorden.

Johannes XI. (931–935)
Alexander war der Sohn der Senatrix Marozia, Papst Sergius III. vermutlich sein Vater. Alberich II. von Tuszien, Sohn von Marozia und der Halbbruder des Papstes, fürchtete nach der Wiederverheiratung der Mutter mit Hugo de Provence um seine Krone und ließ Mutter und Halbbruder einkerkern und im Dezember 935 umbringen.

Johannes XII. (955–963)
Octavian, Sohn Alberichs II., kam schon als Jüngling zu Würden: Mit achtzehn Jahren bestieg er den Stuhl Petri. Den Lateran machte er zum Bordell, das Ausmaß seiner Ausschweifungen kannte keine Grenzen: Huren erhielten heilige Gefäße, Diakone ließ er im Pferdestall weihen. Er starb wie die meisten seiner Vorgänger keines natürlichen Todes: Nach einem Ehebruch soll ihn der gehörnte Ehemann so geprügelt haben, daß er an den Folgen starb.

Johannes XVI. (997–998)
Johannes Philagathos, ein Grieche aus Kalabrien, ließ sich

als Gegenpapst zu Gregor V. ernennen. Sein »törichter Ehrgeiz« sicherte ihm aber nur für kurze Zeit den Heiligen Stuhl. Papst und Kaiser exkommunizierten ihn und sperrten ihn in ein römisches Kloster, in dem er bis zu seinem Tod lebte.

Johannes XXI. (1276–1277)
Der portugiesische Arztsohn Petrus Juliani genannt Hispanus übernahm sein Amt in unruhigen Zeiten. In Rom herrschten Gewalt und Aufruhr. Der wissenschaftlich interessierte Papst verfaßte mehrere Bücher, so ein weitverbreitetes Handbuch über Heilkunde. Trotz seiner Wahl zum kirchlichen Oberhaupt hat er seine Forschungsarbeit nie aufgegeben. Der kerngesunde Mediziner starb keines natürlichen Todes: Ihm fiel in Viterbo die Decke seines Arbeitszimmers auf den Kopf.

Julius II. (1503–1513)
Giuliano della Rovere konnte, wie die meisten der Renaissance-Päpste, nur durch Ämterhandel an die Macht gelangen. Zehn Jahre lang führte der »eisenharte Pontifex« ein geschicktes Regime im Vatikan. Auf Julius trifft die Bezeichnung ›Priester‹ kaum zu. Er war ein Feldherr mit einem nie zu bändigenden Temperament. Dennoch wurde er später nicht in dem Maße verachtet wie sein Vorgänger Alexander VI. Vielleicht deshalb, weil er seine drei Töchter ohne Eigennutz verheiratete. Sicher gilt er aber als einer der wichtigsten Förderer der Kunst: Bramante, Raffael und Michelangelo zählten zu seinen Freunden und künstlerischen Beratern.

Klemens V. (1305–1314)
Mit dem Namen Bertrand de Got sind Folter, Mord und Totschlag verbunden. Denn dieser Papst, der sein Amt von

Avignon aus führte, duldete die Verfolgung der Templer. Der Orden unterstand ihm, aber er verteidigte ihn ohne Nachdruck. Zweitausend Tempelritter wurden im Jahr 1307 verhaftet und gefoltert.

Klemens VI. (1342–1352)
Pierre Roger de Beaufort liebte Luxus, Kunst und schöne Frauen. Bevor er das geistliche Amt antrat war er erster Minister König Philipps VI. gewesen. In Avignon ließ er einen prächtigen neuen Palast bauen, und die Stadt wurde zum Zentrum der Künste, die auch die schönen Frauen anzogen. Wenn es um den Ausbau seiner Macht und die Festigung des Papsttums in Avignon ging, war Klemens in der Wahl seiner Mittel nicht gerade zimperlich: Von Königin Johanna von Neapel kaufte er die Stadt Avignon für achtzigtausend Dukaten. Als ›Gegenleistung‹ sprach er die Herrscherin von der Mitwisserschaft eines Mordes frei.

Klemens VII. (1523–1534)
Unter dem Pontifikat Giulio de' Medicis' löste sich England von der römischen Kirche. Außerdem kam es zum lutherischen Religionsstreit. Rom wurde durch die Truppen Kaiser Karls V. geplündert. Aber nicht nur der Papst selbst war unfähig, die kirchenpolitischen Probleme in den Griff zu bekommen, auch seine Kardinäle kümmerten sich mehr ums Geldverdienen als um das Seelenheil. So soll der Steuereintreiber des unehelichen Papstes, Kardinal Hermellino, so geschäftstüchtig gewesen sein, daß er am liebsten eine ›Steuer für Fliegen und Ameisen‹ eingeführt hätte.

Klemens VIII. (1592–1605)
Ippolito Aldobrandini war der Sohn einer reichen florentinischen Familie. Bereits 1569 machte ihn Pius V. zum Richter der Rota. Als Papst entsprach er später dem Geist der

katholischen Reform. Klemens war bekannt für seine Gepränge und die Großzügigkeit gegenüber seiner Familie.

Leo V. (903)
Ein für seine Zeit sehr ungewöhnlicher Papst, denn er stammte nicht, wie sonst üblich, aus einer der römischen Familien. Leo gehörte zur Fraktion des Formosus', konnte sich aber nur dreißig Tage auf dem Stuhl Petri halten. Dann wurde er von Christophorus ins Gefängnis geworfen, der sich selbst zum (Gegen-)Papst ernannte.

Leo VI. (928)
Der vornehme Römer war bereits ein Greis, als er Johannes X. auf den Thron Petri folgte. Seine Wahl verdankte er der Senatrix Marozia. Über seine achtmonatige Regierungszeit ist fast nichts bekannt.

Leo X. (1513–1521)
»Wieviel die Fabel von Christus Uns und den Unseren genützt hat, ist bekannt.« Nach diesem Motto regierte der Medici-Papst die Kirche. Giovanni de' Medici hat sein Leben als Papst genossen. Er war ohnehin mehr Bankier als Oberhaupt aller Christen und benutzte die Kirche eigentlich nur, um sich persönlich zu bereichern. So entwickelte er einen Ablaßhandel, der zu einem selbständigen Wirtschaftssystem ausuferte. Seine krankhafte Vergnügungs- und Verschwendungssucht kostete viel Geld. Daher verkaufte Leo zweitausendzweihundert Ämter. Seinem Nachfolger hinterließ er einen riesigen Schuldenberg.

Martin V. (1417–1431)
Kardinal Oddo entstammte der mächtigen römischen Familie Colonna. Er wurde während des Konstanzer Konzils zum Oberhirten gewählt und stellte nach dem großen Schisma Macht und Rechte des Papsttums wieder her.

Nikolaus V. (1328–1330)
Nach fünfjähriger Ehe fühlte sich Pietro Rainalducci berufen. Er wurde Franziskaner. Seine Zeitgenossen sind gespaltener Meinung über ihn: Einige hielten ihn für einen Heiligen, andere für einen Heuchler. Kaiser Ludwig IV. ließ ihn in Rom zum Gegenpapst wählen, als er den Avignon-Papst Johannes XXII. absetzen wollte. Letztlich setzte sich der Mann aus Frankreich aber durch: Pietro mußte in Avignon vor dem päpstlichen Konsistorium mit einem Strick um den Hals erscheinen. Gedemütigt leistete er den Amtsverzicht.

Paschalis I. (817–824)
Paschalis ist im Vatikan groß geworden: In der Lateranschule wurde er erzogen und war lange Jahre in der päpstlichen Verwaltung tätig, bevor er oberster Kirchenfürst wurde. In Rom war er verhaßt, und nach seinem Tod verhinderte das aufgebrachte Volk seine Beisetzung in St. Peter. Sein Leichnam blieb zunächst unbestattet.

Paul II. (1464–1471)
Pietro Barbo stammte aus einer Kaufmannsfamilie und wollte eigentlich Geschäftsmann werden, aber sein Onkel Papst Eugen IV. verpflichtete ihn zur geistlichen Laufbahn. Paul war eitel und muß sehr gut ausgesehen haben. Daher wollte er eigentlich den Namen Formosus II. annehmen. Er tat sich dadurch hervor, daß er das Volk mit Sport und Spiel entzückte. Außerdem gilt er als eigentlicher Begründer der vatikanischen Druckerei, der Libreria Editrice Vaticana.

Paul IV. (1555–1559)
Historiker nennen ihn den »personifizierten Scheiterhaufen« der Inquisition. Er gilt als einer der grausamsten Männer auf dem Stuhle Petri. Gian Pietro Carafa protegierte die Seinen im Vatikan. Unter ihm stiegen Abenteurer auf, wie

sein Neffe, der Condottiere Carlo Carafa zum Kardinalstaatssekretär. Die Inquisition machte der Papst zu seiner ›Lieblingsbehörde‹, und alle Ketzer ließ er verfolgen.

Pius II. (1458–1464)
Über Enea Silvio de Piccolomini urteilt die Geschichtsschreibung: Aus dem Saulus ist ein Paulus geworden. Vor seiner Zeit als Pius II. war Piccolomini ein Lebemann. Der versierte Diplomat hatte nicht nur zwei Kinder und schrieb Liebeskomödien, er war auch ein geschickter Politiker. Angesichts seiner Kardinäle konnte selbst Pius II. nur resignieren. Von ihm stammt der Ausspruch: »Wenn Wir diese Würde (die Kardinalswürde) nur denjenigen verleihen, die sie wirklich verdienen, müssen Wir im Himmel nach Leuten suchen, denen Wir den roten Hut geben.«

Sergius II. (844–847)
Nur drei Jahre war er vermutlich an der Macht, aber er erschloß dem Vatikan eine besondere Einnahmequelle: den Ämterhandel. Sergius verkaufte zum ersten Mal Bistümer, und auch die Vetternwirtschaft nahm ihren Anfang: Seinen Bruder ernannte er zum Bischof.

Sergius III. (904–911)
Mit dem Mörder Sergius III. begann die Herrschaft der Grafen von Tusculum auf dem Heiligen Stuhl. Von Anfang an wurde diese Epoche der Pornokratie, der Frauenherrschaft, mit Blut geschrieben. Liutprand von Cremona, Historiker des 10. Jahrhunderts, sieht in Sergius einen »Tiefpunkt dieses Zeitalters«.

Silvester II. (999–1003)
Gerbert von Aurillac gilt als Verfechter der traditionellen Rechte des Papsttums, kämpfte gegen Ämterhandel und

Vetternwirtschaft. Er beharrte auch auf der strikten Einhaltung des Zölibats. Die Legende sagt ihm nach, er sei einen Bund mit dem Teufel eingegangen und habe Schwarze Magie betrieben.

Sixtus IV. (1471–1484)
Francesco della Rovere hat keine Gelegenheit ausgelassen, seine Günstlinge zu fördern oder in die eigene Tasche zu wirtschaften. Dabei war ihm jedes Mittel recht: So förderte er die Einrichtung von Bordellen in Rom, aus denen er achtzigtausend Golddukaten Jahrestaxe preßte. Mit kirchlichen Bannflüchen und Lobpreisungen ging er um, wie es ihm gerade in den politischen Kram paßte. Er schuf gleichfalls die kirchenstaatlichen Voraussetzungen für die Inquisition. Von seiner Kunstförderung, zeugt noch heute die nach ihm benannte Sixtinische Kapelle im Vatikan.

Stephan V. (885–891)
Nur wenige Päpste wurden wie er mit einer so großen Mehrheit der Kurie zum Papst gewählt. Nur Kaiser Karl III., der Dicke, war mit Stephans Wahl nicht einverstanden. Der Papst konnte sich allerdings durchsetzen. Sein Pontifikat war durch seine starke politische Tätigkeit geprägt.

Stephan VI. (896–897)
Papst Formosus weihte den Sohn eines Presbyters zunächst zum Bischof von Anagni. Später wurden die beiden aber zu unversöhnlichen Gegnern. Stephan ließ seinen ehemaligen Förderer nach dessen Tod sogar wieder ausgraben und ihm in einer makabren ›Leichensynode‹ die Schwurfinger der rechten Hand abhacken. In diesem Schauprozeß mußte ein Diakon stellvertretend für Formosus Rede und Antwort stehen. Anschließend wurde die Leiche des Papstes in den Tiber geworfen

Stephan VII. (928–931)
Er gelangte durch die Senatrix Marozia an die Macht. Vermutlich diente er nur als Lückenbüßer, bis Marozias eigener Sohn herangewachsen war und selbst den Heiligen Stuhl übernehmen konnte. Stephan erweiterte die Privilegien der Ordenshäuser.

Urban VI. (1378–1389)
Urbans Amtszeit begann mit Tumulten in Rom, denn man fürchtete, der Vatikan könne wieder nach Frankreich ausweichen. Schließlich einigte man sich auf den Italiener Bartolomeo Prignano, den Erzbischof von Bari. Aber die Wahl war nicht glücklich: Der neue Papst beschimpfte seine Kardinäle, ließ sie gefangennehmen und foltern. In Rom hatte man den Eindruck, der Papst sei nicht nur unfähig, sondern auch geisteskrank. Gegenpapst Klemens VII. konnte sich allerdings nicht durchsetzen.

Viktor III. (1086–1087)
Daufari, Fürst von Benevent, Abt Desiderius von Montecassino, stellte einen außergewöhnlichen Rekord auf: Er war dreimal Papst. Nach seiner Wahl hielt er sich ganze vier Tage auf dem Stuhle Petri. Dann mußte er vor seinen Gegnern in Rom fliehen. Es dauerte ein Jahr, bevor er in den Vatikan zurückkehren konnte. Aber schon eine Woche nach seiner zweiten Weihe ergriff er erneut die Flucht. Noch einmal konnte ihn Mathilde von Tuszien zur Rückkehr überreden, bevor er im September des Jahres 1087 starb.

Benutzte Literatur

Ambrossini, M. L., *Die Geheimen Archive des Vatikans*, 1974

Antweiler, A., *Origenes*, in: Lexikon für Theologie und Kirche, ed. Buchberger, VII 1930 ff.

Baeyer-Katte, W. v., *Die Historischen Hexenprozesse. Der verbürokratisierte Massenwahn*, in: Bitter, W. (Hg.), Massenwahn in Geschichte und Gegenwart, 1965

Baranowsky, W., *Die Sünde ist unheilbar. Sex – die natürlichste Sache der Welt*, 1964

Baroja, J. C., *Die Hexen und ihre Welt*, 1967

Baschwitz, K., *Hexen und Hexenprozesse*, 1963

Bauer, M., *Das Geschlechtsleben in der deutschen Vergangenheit*, 1907

Beissel, S., *Geschichte der Verehrung Marias in Deutschland und während des Mittelalters*, 1909

Berg, H. v., *Freudenmädchen und Freudenhaus im Mittelalter*, in: Geschlecht und Gesellschaft, V., 1910

Bodin, J., *De la demonomanie des sorciers*, 1580

Boehn, M. v., *Die Mode, Menschen und Moden im Mittelalter. Vom Untergang der alten Welt bis zur Renaissance*, 1925

Böhmer, H. *Die Entstehung des Zölibates*, in: Geschichtliche Studien, Albert Hauck zum 70. Geburtstag, 1916

Bornemann, E., *Lexikon der Liebe*, 1968

Bühler, J., *Die Kultur des Mittelalters*, 1931

Burckhardt, J., *Die Kultur der Renaissance in Italien*, 1947

Chamberlin, *Unheilige Päpste*, 1967

Cole, W. G., *Liebe und Sexus in der Bibel*, 1961

Cook, G. H., *English Monasteries in the Middle Age*, 1961

Denzler, G., *Die Päpste und der Amtszölibat*, 1973

Denzler, G., *Päpste und Papsttum*, 1973

Denzler, G., *Zur Geschichte des Zölibats,* in: Stimmen der Zeit, 1969
Deschner, K., *Abermals krähte der Hahn,* 1962
Deschner, K., *Das Kreuz mit der Kirche,* 1974
Dresdner, A., *Kultur- und Sittengeschichte der italienischen*
Duerr, H. P., Nacktheit und Scham – Der Mythos vom Zivilisationsprozeß, 1988
Ennen, E., *Frauen im Mittelalter,* 1984
Fichtenau, H., *Askese und Laster in der Anschauung des Mittelalters,* 1948
Gloger, B. Zöllner, W., *Teufelsglaube und Hexenwahn,* 1984
Gontard, F., *Die Päpste. Regenten zwischen Himmel und Hölle,* 1959
Günter, H., *Deutsche Kultur,* 1932
Haller, J., *Das Papsttum. Idee und Wirklichkeit,* 5 Bde. 1965
Hansen, J., *Quellen und Untersuchungen zur Geschichte des Hexenwahns und der Hexenverfolgung im Mittelalter,* 1901
Hanser, J., *Zauberwahn,* 1900
Hays, H. R., *Mythos Frau. Das gefährliche Geschlecht,* 1969
Heinz-Mohr, G., *Lexikon der Symbole. Bilder und Zeichen der christlichen Kunst,* 1971
Hilpisch, S., *Die Doppelklöster,* 1928
Hyde, H. M., *Geschichte der Pornographie. Eine wissenschaftliche Studie,* 1965
Kelly, J. N. D., *Reclams Lexikon der Päpste,* 1988
Klaczko, J., *Jules II.. Rome et la Renaissance,* 1898
Koch, G., *Frauenfrage und Ketzertum im Mittelalter. Die Frauenbewegung im Rahmen des Katharismus und Waldensertums und ihre sozialen Wurzeln (12.–14. Jahrhundert),* 1962
Läpple, A., *Kirchengeschichte,* 1972
Lang, K., *Der Papstesel,* 1891

Lea, H. C., *The Inquisition of the Middle* Age. Its Organization and Operation, 1961
Lo Duca, J.-M., *Die Geschichte der Erotik,* 1965
Marcuse, L., *Obszön. Geschichte einer Entrüstung,* 1962
Martini, M., *Lucrezia Borgia,* 1971
Masson, G., *Kurtisanen der Renaissance,* 1974
Mayer, S., *Orden, Ordensstand,* in: Lexikon für Theologie Kirche, VII, 1962
Michelet, J., *Die Hexe,* 1974
Muentz, E., *Les arts a la cours des papes Innocent VIII., Alexandre VI., Pie III. (1483–1503),* 1898
Neomario, T. H., *Geschichte der Stadt Rom,* 1933
Pastor, L. v., *Geschichte der Päpste seit dem Ausgang des Mittelalters,* 6 Bde., 1926 ff.
Pastor, L. v., *Die Stadt Rom zu Ende der Renaissance,* 1975
Pfürtner, S. H., *Kirche und Sexualität,* 1972
Pollak, O., *Die Kunsttätigkeit unter Urban VIII., Bd. II.: Die Peterskirche in Rom,* 1928/32
Priskil, P., *Mit Feuer das Gerüst legen,* 1983
Rachum, I., *Illustrierte Enzyklopädie der Renaissance,* 1980
Ranke, L. v., *Die römischen Päpste, ihre Kirche und ihr Staat im 16. Jh. und 17. Jh.,* 3 Bde., 1834–1836
Ritzer, K., *Eheschließung. Formen, Riten und religiöses Brauchtum der Eheschließung in den christlichen Kirchen des ersten Jahrtausends,* 1951
Robbins, R. H., *The Encyclopedia of Witchcraft and Demonology,* 1984
Russel, J. B., *Witchcraft in the Middle Age,* 1972
Schillebeeckx, E., *Der Amtszölibat. Eine kritische Besinnung,* 1967
Schmidt, J. W. R., *Der Hexenhammer. Von Jakob Sprenger und Heinrich Institoris,* 1906
Schmidt, K. D., *Chronologische Tabellen zur Kirchengeschichte,* 1959

Schnitzer, J., *Hat Jesus das Papsttum gestiftet?*, 1910
Schormann, G., *Hexenprozesse in Deutschland*, 1981
Schüller-Piroli, *Borgia. Die Zerstörung einer Legende*, 1963
Seppelt, F. X., *Das Papsttum im Spätmittelalter und in der Zeit der Renaissance. Geschichte der Päpste vom Regierungsanstritt Bonifaz VIII. bis zum Tode Klemens VII. (1294)–1534), 1941*
Shahar, S., *Die Frau im Mittelalter*, 1981
Sprenger, J., *Institoris, H., Malleus Maleficarum, Der Hexenhammer*, 1487
Steingießer, F., *Das Geschlechtsleben der Heiligen*, 1901
Stern, B., *Geschichte der öffentlichen Sittlichkeit in Rußland*, 1907
Sternhauser, G., *Quellen und Studien zur Geschichte der Hexenprozesse*, 1898
Stoll, O., *Das Geschlechtsleben in der Völkerpsychologie*, 1908
Traeger, J., *Der reitende Papst*, 1970